Mlle Louise MASSON

MADELEINE

DE LAMOIGNON

LYON

LIBRAIRIE GÉNÉRALE CATHOLIQUE & CLASSIQUE

EMMANUEL VITTE, DIRECTEUR

Imprimeur de l'Archevêché et des Facultés catholiques de Lyon

3, place Bellecour, et rue de la Quarantaine, 18.

1896

MADELEINE DE LAMOIGNON

Lyon. — Imp. Emm. Vitte, rue de la Quarantaine, 18.

Mlle Louise MASSON

MADELEINE

DE LAMOIGNON

LYON

LIBRAIRIE GÉNÉRALE CATHOLIQUE & CLASSIQUE

EMMANUEL VITTE, DIRECTEUR

Imprimeur de l'Archevêché et des Facultés catholiques de Lyon

3, place Bellecour, et rue de la Quarantaine, 18.

—

1896

ARCHEVÊCHÉ

DE

LYON

☩

Lyon, le 5 décembre 1895.

Mademoiselle,

En nous donnant la Vie de Mlle Madeleine de Lamoignon, *vous comblez une lacune que regrettaient tous ceux qui s'appliquent à connaître en détail l'admirable histoire de la charité au* XVIIe *siècle. Madeleine de Lamoignon fut l'une de ces femmes éminentes qui prêtèrent leur concours aux grandes œuvres de saint Vincent de Paul. Fille d'une mère que le peuple de Paris avait surnommée la* Mère des pauvres, *elle l'égala, elle la surpassa même dans la pratique de la charité. Vous avez pensé avec raison que le récit de cette longue existence, vouée tout entière à l'exercice des plus hautes vertus, renfermerait d'utiles enseigne-*

ments pour les chrétiennes de nos jours. Je ne puis que vous féliciter de votre dessein, et souhaiter à votre très intéressant ouvrage tout le succès qu'il mérite.

Veuillez agréer, Mademoiselle, l'expression de mes sentiments respectueux.

J. DÉCHELETTE,

Vicaire général.

CHAPITRE PREMIER

Influence de saint François de Sales et de saint Vincent de Paul sur le XVIIe siècle. — Les vraies femmes précieuses de ce temps-là. — La famille de Lamoignon. — Naissance de Madeleine.

UEL rayon vivifiant, lumière et chaleur à la fois, le Soleil divin envoya sur ce siècle qui fut le dix-septième de notre ère chrétienne ! L'histoire le nomme siècle de Louis XIV, parce qu'un roi, qui avait fait sa gloire de celle de la France, prodigua, pendant la seconde moitié de cette période, des encouragements à tous les genres de génie. L'Eglise l'appelle siècle de François de Sales et de Vincent de Paul, parce que le génie de la sainteté, personnifié dans ces deux hommes, avait plané sur le commencement du siècle et en avait préparé les splendeurs. Toutes les œuvres pieuses écloses en ce temps mémorable, soit pour le perfectionnement moral des âmes prises individuellement, soit pour un bien plus général : efforts tentés pour ranimer la foi dans le peuple des campagnes et dans celui des villes ; secours matériels pour subvenir aux besoins de provinces entières, ruinées par les guerres ; secours spirituels mis à la portée des ignorants ou des hérétiques, tout se rattache, en quelque manière, à l'un ou à l'autre de ces noms. Ils rayonnent sur leur temps, non pas seulement comme des phares lumineux qui éclairent au loin la route, mais comme des foyers bienfaisants où viennent s'allumer d'autres flammes. Chacun d'eux est un centre autour duquel se groupent mille personnages éminents en sainteté.

La présidente de Lamoignon appartient à ces deux écoles. Longtemps elle eut pour son âme l'incomparable direction du doux François de Sales ; elle avait vu sa vie à peu près réglée et ordonnée par lui ; chaque fois qu'il venait à Paris, elle lui rendait de son intérieur un compte minutieux ; elle lui écrivait et recevait ses conseils par écrit, lorsqu'une circonstance extraordinaire demandait un avis particulier, des lumières spéciales. Bien des années aussi, et cela jusqu'à sa mort, elle fut une des auxiliaires dévouées de saint Vincent de Paul dans ces entreprises admirables qui semblaient surgir naturellement, sans efforts, du cœur angélique du saint prêtre, et dont aucune encore n'a sombré aujourd'hui. A cette double et excellente école de l'amour passionné de Dieu, de l'amour du prochain pour Dieu, Mme de Lamoignon avait profité ; elle occupe une belle place parmi ces femmes fortes et douces, pieuses et intelligentes du XVIIe siècle, qui furent plus nombreuses qu'on ne pense.

Pendant que les Précieuses de ce temps brillaient à l'hôtel de Rambouillet, autour de Julie d'Angennes et sous la haute protection de Voiture, écoutant un jour les beaux vers de Corneille, un autre les devis de Vaugelas, Chapelain ou Ménage ; pendant qu'elles rendaient d'incontestables services à la langue française, à la politesse des mœurs, à l'urbanité des manières, il existait un autre monde qui avait aussi ses précieuses, précieuses de la charité, précieuses aux yeux de Dieu. Et elles n'étaient pas une ou deux, elles étaient une foule. Ce serait une autre histoire à faire que celle du siècle à ce point de vue-là. Plusieurs écrivains, du reste, ont déjà mis leur pierre à ce monument, et de très belles pierres. Là brilleraient, comme autant de joyaux, Mme de Chantal avec ses filles, et Mme Acarie et Mlle Legras ; la duchesse d'Aiguillon et Mme de Miramion ; les Pollalion, les Gondi, les Goussault et cent autres. Saint François de Sales a dit en particulier, en parlant de la présidente de Lamoignon : « C'est une des plus saintes femmes que j'aie connues. » Quelques fragments de ses lettres spirituelles et des conseils qu'il lui donnait ne pourront que plaire au lecteur.

« Ne croyez pas, ma très chère fille, dit-il, que la distance des lieux puisse séparer les âmes que Dieu a unies par les liens de sa dilection. Les enfants du siècle sont toujours séparés les uns des autres parce qu'ils ont leurs cœurs en divers lieux ; mais les enfants de Dieu ayant leur cœur où est leur trésor, et n'ayant tous qu'un même trésor qui est le même Dieu, ils sont, par conséquent, toujours joints et unis ensemble....

« Nous nous rencontrerons souvent au pied de notre saint crucifix, si nous observons les paroles que nous nous sommes données ; aussi bien est-ce là que les entrevues sont uniquement profitables. »

Il entre dans le menu détail des exercices de piété : « Un demi-quart d'heure suffit pour la préparation du matin, trois quarts d'heure ou une heure pour la messe, et parmi le jour quelques élévations d'esprit en Dieu qui n'occupent point de temps, ains se font en un seul moment ; et l'examen de conscience le soir, avant le repos ; laissant à part les bénédictions et actions de grâces des tables, qui sont ordinaires et qui tiennent lieu de réunion de votre cœur à Dieu. »

Ou bien il donne les conseils que réclament la position sociale et les devoirs d'Etat : « Ès conversation, ma chère fille, soyez en paix de tout ce qu'on y dit et on y fait ; car, s'il est bon, vous avez de quoi louer Dieu, et, s'il est mauvais, vous avez de quoi servir Dieu en détournant votre cœur de cela et lui faisant amende honorable intérieurement, sans trop faire la fâcheuse au dehors puisque vous n'en pouvez mais.....

« Prenez bien garde à pratiquer l'humble douceur que vous devez au cher mari et à tout le monde, car c'est la vertu des vertus que Notre-Seigneur nous a tant recommandée, et s'il vous arrive d'y contrevenir, ne vous troublez point ; ains avec confiance remettez-vous sur pied pour marcher derechef en paix et douceur comme auparavant.

« Je vous envoie une petite méthode de vous unir à Jésus-Christ le matin et toute la journée. Voilà, ma chère fille, ce que, pour le présent, j'ai pensé vous devoir être dit pour votre consolation. Reste que je vous prie de ne point vous mettre à faire des cérémonies avec moi, qui n'ai ni le loisir ni la volonté d'en faire avec vous. Ecrivez-moi quand il vous plaira, en toute liberté, car je recevrai toujours à contentement de savoir des nou-velles de votre âme, que la mienne chérit parfaitement. »

Une autre fois il apaise les troubles de la con-science : « Croyez fermement que vous n'avez ni ne retenez à votre escient aucune affec-tion contre la volonté de Dieu, c'est-à-dire au

péché véniel, encore que plusieurs imperfections et mauvaises inclinations de temps en
temps vous surprennent, et ne laissez pas de
faire la sainte communion le jeudi et les fêtes
sur semaine, et les mardis de carême ; mais
cela, n'en doutez plus. Ains employez votre
cœur à être bien fidèle en l'exercice de la pauvreté parmi les richesses, de la douceur et
tranquillité parmi les tracas, et de la résignation de cœur sur tout ce qui vous doit arriver,
en la providence de Dieu. Qu'est-ce qui peut
vous manquer, ayant Dieu ?

« Il est mieux en toutes façons que vous
oyiez la sainte messe tous les jours que de
rester pour continuer l'oraison chez vous. Je
dis qu'il est mieux, non seulement parce que
cette présence réelle de l'humanité de Notre-
Seigneur en la messe ne peut être suppléée
par la mentale, bien que par quelque digne
respect on demeure éloigné d'icelle, mais aussi
parce que l'Eglise désire fort qu'on assiste à
la messe, et ce désir tient lieu de conseil, au-
quel cette espèce d'obéissance doit s'accommoder quand on le peut bonnement, et
parce que votre exemple est utile au simple
peuple en la qualité que vous êtes. Or il

n'aura point d'exemple de ce que vous ferez en votre oratoire. Arrêtez-vous donc à ceci, ma très chère fille..... »

Une autre fois encore, il combat quelques scrupules sur l'usage de la communion : « Le jour qu'on communie, il n'y a nul danger de faire toutes sortes de bonnes besognes et travailler ; il y en aurait plus à ne rien faire. En la primitive Eglise, où tous communiaient tous les jours, pensez-vous qu'ils se tinssent les bras croisés pour cela ? Et saint Paul, qui disait la messe ordinairement, gagnait néanmoins sa vie au travail de ses mains. Non ! je ne voudrais pas m'abstenir d'aller en un honnête festin ni en une honnête assemblée ce jour-là si j'en étais prié, bien que je ne voudrais pas la rechercher.

« Vous me demandez si ceux qui veulent vivre avec perfection peuvent tant voir de monde. La perfection, ma chère fille, ne gît point à ne point voir le monde, mais à ne le point goûter et savourer. Tout ce que la vue nous apporte, c'est le danger, car qui le voit est en péril de l'aimer ; mais à qui est bien résolu et déterminé, la vue ne nuit point. En un mot, ma fille, la perfection de la charité, c'est la perfection de la vie, car la vie de notre âme, c'est la charité. Les premiers chrétiens étaient au monde de corps et non de leur cœur, et ne laissaient pas d'être parfaits. »

Ou bien il prémunit Mme de Lamoignon contre la tendance qu'elle avait à envier les pratiques de la vie religieuse. « Persévérez bien à vous vaincre vous-même en ces menues contradictions journalières que vous ressentez; faites le gros de vos désirs pour cela ; sachez que Dieu ne veut rien de vous sinon cela pour maintenant. Ne vous amusez donc pas à faire autre chose; ne semez point vos désirs sur le jardin d'autrui; cultivez seulement bien le vôtre. Ne désirez point d'être ce que vous n'êtes pas, mais désirez d'être fort bien ce que vous êtes; amusez vos pensées à vous perfectionner en cela et à porter les croix, ou petites ou grandes, que vous y rencontrerez. Réglez vos exercices comme nous avons dit, et faites en iceux grande considération aux inclinations de votre chef. »

Telles étaient les règles de vie auxquelles Marie des Landes, dame de Lamoignon, conformait sa conduite personnelle; voyons ce qu'était la famille de Lamoignon, à laquelle elle appartenait par son mariage.

Cette famille comptait bien des quartiers d'honneur et de vertu. Sa noblesse même était ancienne, et les titres de la chambre des comptes, en 1222, prouvent qu'elle s'était acquis déjà un beau renom à cette époque dans le métier des armes. Originaire du Nivernais, elle tirait son nom d'un fief situé à Donzy. Vers 1400, le représentant de la famille, Pierre de Lamoignon, marié à Marguerite de Fougeray, avait eu deux fils : Guyot, qui continua la filiation directe, et Jean, tige de la branche des seigneurs et marquis de Basville. Dans la descendance de ce dernier, et trois générations après lui, nous trouvons Charles de Lamoignon, son arrière petit-fils, maître des requêtes, conseiller ordinaire du roi en son conseil d'Etat et son conseil privé, fort estimé d'Henri II, à qui il rendit de grands services quand il s'agit d'apaiser les troubles des huguenots. Il mourut en 1572, ayant eu vingt enfants, dont deux surtout sont connus : Pierre de Lamoignon, avocat au Parlement de Paris, puis conseiller d'Etat, auteur de quelques poésies latines, et Chrétien de Lamoignon, seigneur de Basville, président à mortier au Parlement de Paris, mort en 1636.. Ce fut lui qui épousa la vertueuse Marie des Landes, dont nous avons parlé.

Les premiers membres de la famille de Lamoignon s'étaient donc distingués pendant deux siècles dans le métier des armes. Au xve siècle, ils avaient occupé quelques charges civiles ; c'est au xvie qu'ils entrent dans la magistrature. Le grand-père de Chrétien, François de Lamoignon, avait été secrétaire et contrôleur de la maison de Françoise d'Albret, veuve du duc de Brabant, Jean de Bourgogne. Son frère Jean, dont la postérité s'éteignit vers la fin du xviie siècle, avait été conseiller de Marguerite d'Orléans, reine de Navarre. Leur père, Jean II, bisaïeul de Chrétien, avait été secrétaire et contrôleur de la maison de Jean de Bourgogne, duc de Brabant et comte de Nevers. Les Lamoignon faisaient aussi noble figure parmi les gens de robe qu'ils avaient fait parmi les gens d'épée ; dans les charges qu'ils avaient remplies auprès des souverains, comme dans la justice qu'ils rendaient maintenant au peuple, la probité avait toujours été leur vertu de prédilection,

et la voix de la conscience leur règle de conduite.

Au moment où nous le prenons, Chrétien
de Lamoignon, ajoutant le prestige de ses
vertus personnelles à cet héritage d'honneur,
se voyait entouré de l'estime universelle.
A la dignité de son rang, qu'il soutenait sans
ostentation, mais avec fermeté, il alliait une
grande modestie personnelle. Sa vie privée
était réglée avec soin et présentait un modèle
de toutes les vertus. « Ceux dont la charge
consiste à régler les autres, disait-il, ne sauraient vivre eux-mêmes sans règle et sans
ordre. » Sa fortune n'était pas considérable ;
cependant l'aisance régnait chez lui, et il donnait ou laissait donner aux pauvres la moitié
de son revenu. Le luxe, par conséquent, était
banni de sa maison. Il regardait comme un
avilissement pour la magistrature le relief que
se donnerait un magistrat par un éclat qui ne
conviendrait ni à son rang ni à sa fortune. Il
avait un grand fonds de religion, des mœurs
intègres, une équité inflexible, et, bien que
facile et bon dans le commerce de la vie, on le
trouvait toujours d'une fermeté inébranlable
quand il s'agissait de rendre la justice. Aimant

la retraite et la solitude du cabinet, il se prêtait cependant sans contrainte aux obligations
de la société, et ne se refusait point à d'honnêtes divertissements, tout en les maintenant
dans une sage mesure.

Dieu avait béni son mariage avec Marie des
Landes. Sans compter de petits anges qui
avaient repris bientôt leur place au ciel, deux
filles resserraient l'union des pieux époux :
Anne, née en 1604, Elisabeth, née en 1607.
Lorsque, dans le courant de l'année 1608, la
présidente comprit qu'elle pouvait préparer
de nouveau le berceau où avaient reposé ses
aînées :

— Espérons que cette fois ce sera un gar-
çon, dit son mari.

— Ah! ce sera bien ce que Dieu voudra,
pourvu qu'il en tire sa gloire et l'honneur de
notre maison.

— Certainement, chère amie, je suis aussi
disposé que vous à tout prendre de sa main,
et je n'ai pas à me plaindre de mon lot jusqu'à
présent; mais vous savez : j'aimerais tant un
petit président que je ne puis m'empêcher
d'y rêver.

Chrétien de Lamoignon en fut cette fois

pour son rêve, et le 14 septembre 1608, ce ne fut pas un petit président qu'on déposa dans le berceau, mais une gracieuse petite fille qui reçut le nom de Madeleine.

CHAPITRE II

L'intérieur d'une famille charitable. — Enfance de Madeleine. — Première communion.

ALLEZ dans telle rue, disait-on autrefois à la cour de Clotaire II, et là où vous verrez une foule de pauvres, ce sera le logis du seigneur Eloi. La même enseigne eût pu désigner, au XVIIe siècle, l'hôtel de Lamoignon. A certains jours, des distributions régulières de pain, de vêtements, de remèdes, amenaient dans la cour une longue file de mendiants; le reste du temps, lorsqu'un besoin pressant, une misère honteuse, une douleur qui ne pouvait s'avouer en public, venaient demander timidement du secours, les domestiques avaient ordre de ne renvoyer personne sans qu'on eût vu en quoi on pouvait être utile. D'un abord facile et gracieux, Mme de Lamoignon venait leur parler un instant, écoutait avec son cœur les peines des uns et des autres, et nul ne repassait le seuil béni de l'hôtel sans emporter quelque soulagement ; l'un avait reçu l'aumône qu'il avait été possible de donner ; l'autre, la promesse d'un concours actif pour obtenir une place, arriver à une réconciliation ; tous et toujours, surtout, emportaient dans leur cœur la parole affectueuse qui console, le mot qui redonne l'espoir.

M. de Lamoignon plaisantait quelquefois son épouse sur ses largesses, ses démarches, ses courses, le souci qu'elle se donnait ; mais c'étaient de simples plaisanteries ; son cœur était trop haut placé pour ne pas comprendre et approuver la conduite de sa chère Marie ; la présidente savait bien qu'elle avait sa permission toujours, et son concours souvent, pour les bienfaits à répandre.

— Nous allons bientôt manquer du nécessaire, disait l'un.

— Ne savez-vous pas, répondait l'autre, que restreindre ses besoins le plus possible est un principe de haute philosophie ?

— Vous allez nous réduire à la mendicité.

— Eh bien, c'est alors que nous serons heureux d'avoir fait l'aumône; ne faut-il pas faire à autrui ce que nous voudrions qu'on nous fît?

Puis, cessant les plaisanteries, tous deux rappelaient que rien n'est mieux placé que ce qu'on donne au nom de Dieu.

L'enfant, élevée dans un tel milieu, ne pouvait qu'avoir un grand cœur. La piété de sa mère pénétrait doucement sa petite âme, et Dieu avait si bien préparé le terrain qu'il s'imprégnait profondément de cette piété et ne laissait place à rien autre. C'était la bonne terre de l'Evangile, où le grain produit cent pour un. A peine fut-elle sortie de ses langes que son plus grand bonheur était de joindre ses petites mains en souriant; c'était la seule prière qu'elle pût faire. Avec une image de l'Enfant Jésus, on la faisait rester sage et tranquille des jours entiers. Quand l'intelligence s'ouvrit et que les lèvres commencèrent à balbutier quelques mots, cet amour pour l'Enfant-Dieu s'accentua encore; il fallut lui donner un petit Jésus en cire, parce que c'était plus commode à manier, à transporter.

Elle le berçait entre ses bras en le pressant sur son cœur, ainsi qu'elle avait vu les jeunes mères faire à leurs petits enfants. Plus tard, on lui raconta, en lui expliquant des images, la pauvre naissance de Celui qui était déjà son Bien-Aimé; on le lui montra couché sur la paille, réchauffé par le souffle du bœuf et de l'âne. Un jour on la trouve assise tranquillement, bien qu'elle fût d'habitude très vive dans ses jeux; sur une chaise à côté d'elle le petit Jésus en cire reposait dans un oreiller arraché de son lit. On lui demande ce qu'elle fait là : « Elle tient compagnie à l'Enfant Jésus, parce qu'une petite fille, c'est bien plus joli que des bêtes, et, de temps en temps, elle souffle sur lui pour le réchauffer. — Et pourquoi elle a pris l'oreiller? — Ah ! bien, c'était pour qu'il ait pas la paille. »

Cette tendresse pour le divin Sauveur devait servir à corriger bien des défauts de caractère, car Madeleine en avait d'assez grands. Elle était d'une vivacité qui touchait de bien près à l'impatience, à la colère; elle avait l'âme fière, et sa petite tête se relevait vite au moindre mot qui la blessait. Sans sa profonde piété d'abord, sans le secours de la communion plus tard, elle ne fût certainement pas arrivée à vaincre ces dispositions natu-relles.

L'intelligence de Madeleine, cultivée avec soin, se développait en même temps que son cœur; les questions interminables de l'enfant trouvaient dans la mère une patience et une lucidité d'explications égales à leur ardeur. Elle n'avait guère que cinq ans lorsque saint François de Sales, venant à Paris, fut charmé de sa piété et trouva bon qu'elle fît sa pre-mière confession. Ce fut aux pieds de cet incomparable directeur des âmes que Made-leine apprit à sonder sa conscience, qu'elle eut révélation de l'ineffable beauté d'une âme pure; ce fut de lui qu'elle reçut les premiers conseils de perfection, car il ne dédaigna pas de tracer un règlement, un plan de vie pour la pieuse enfant, conduite ainsi par lui, même après son départ. Il s'attacha surtout à lui faire comprendre que le véritable amour de Dieu ne consiste pas uniquement dans l'élan du cœur, si fervent qu'il puisse être, mais aussi dans les efforts que nous faisons pour nous rendre agréables à Dieu. Il lui apprit que la mortification de l'esprit, le sacrifice de nos penchants sont les assises de toute perfection, la pierre de touche de tout amour.

Docile à son règlement, pleine de tendresse pour sa mère et ses sœurs, douée d'un caractère ouvert et enjoué, Madeleine faisait le bonheur des siens et produisait dans la maison l'effet d'un rayon de soleil. Mais son amour pour Jésus croissait de plus en plus; pour une heure passée à l'église, elle aurait tout laissé; elle réprimait surtout ses mouvements d'humeur et d'impatience, elle domptait son orgueil et faisait des prodiges d'humilité. Le travail de la grâce était si visible en son âme qu'on jugea à propos de ne pas la priver plus longtemps de la présence réelle de son Dieu. Le P. Suffren, qui la dirigeait alors, lui fit faire sa première communion à l'âge de neuf ans.

Ce fut avec des transports d'amour impossibles à dire que Madeleine reçut en son cœur cette hostie sainte qui n'était plus l'image, mais la réalité. Son amour et sa foi durent faire oublier ce jour-là au Sauveur la tiédeur de beaucoup. Dans l'élan de sa reconnaissance pour cette venue si désirée, elle se donna à Lui de tout cœur, aussi complètement que le permettait sa jeune intelligence.

Les plus ravissants colloques se passent entre l'âme et son Dieu; les plus ineffables délices qui se puissent goûter sont celles qui restent ensevelies dans le mystère de la divine intimité; et cependant, tels furent les indices qui en parurent au dehors, telle fut la ferveur qui se trahit aux yeux, que les parents de Madeleine n'hésitèrent pas à lui attribuer une grâce immense qui leur fut accordée. « Elle a tellement, disaient-ils, ravi le cœur de Dieu, qu'il s'est souvenu de notre humble prière. » Quelques mois après, en effet, dans l'année 1617, un baptême se faisait à l'hôtel de Lamoignon, et le nouveau chrétien, qui reçut le nom de Guillaume, était bien cette fois un futur petit président.

CHAPITRE III

---

*Largesses à l'occasion de la naissance du petit Guillaume.
— Saint François de Sales à Paris. — Legs qu'il fait
à saint Vincent de Paul.*

Les bons chrétiens ne se bornent pas à demander à Dieu les faveurs dont ils ont besoin; leurs actions de grâces sont aussi ferventes que l'était leur prière; ils cherchent tous les moyens de témoigner leur reconnaissance au Seigneur et ne profitent pas en ingrats de ses bienfaits.

Ce fut par un redoublement de charité, par des aumônes et des œuvres extraordinaires que M. et Mme de Lamoignon célébrèrent la naissance de leur fils. Il n'y eut pas à l'hôtel de repas somptueux ni de nombreux convives, mais une distribution d'aumônes plus large et plus solennelle que celle qui avait lieu d'ordinaire chaque semaine, distribution dans laquelle on recommanda le petit Guillaume aux prières de tous les assistés.

Le président possédait à sept lieues environ de la capitale, dans le pays chartrain, ce domaine de Basville qui était devenu l'apanage de la branche cadette de sa famille. Il voulut que là aussi le nom de son fils fût entouré de bénédictions. Toutes les chaumières du village furent visitées, et, selon les charges ou les besoins, chacun reçut d'abondants secours en vivres, en argent, en vêtements ou en outils.

C'est en forgeant, dit le proverbe, qu'on devient forgeron. C'est en faisant le bien qu'on apprend à le faire et qu'on en prend envie. Quand le président entendit ce concert de bénédictions qui accompagnait le nom de son enfant, le désir lui vint d'assurer pour toujours au nouveau chrétien cet appui de la prière des pauvres, si puissant devant Dieu. Il décida qu'en mémoire de cet événement, tous les ans à pareil jour, aurait lieu même distribution. Dieu, qui regarde comme fait à lui-même ce qu'on fait au plus petit des siens, ne laissa

pas sans récompense une telle conduite.
L'enfant, placé ainsi dès son entrée dans ce
monde sous l'aile de la charité, resta toujours
un chrétien sincère et pieux; il fut le magistrat éminent dont Louis XIV disait, en lui
confiant la succession du premier président
Bellièvre : « Si j'avais connu un plus homme
de bien, je ne l'aurais pas choisi. »

Les deux plus jeunes filles du président
avaient été amenées à Basville et prenaient
part aux visites charitables faites dans les
chaumières. Leur présence augmentait le prix
des bienfaits reçus. La grâce et la gentillesse
de Madeleine charmaient tout le monde.
C'était un bonheur pour les paysans de la voir
s'ébattre chez eux. Elle caressait les enfants,
plaignait les malades d'une façon si naïve et
si affectueuse qu'elle leur arrachait un sourire; elle faisait d'interminables questions sur
les instruments qu'elle voyait autour d'elle, et
sautait de joie quand elle avait pu traîner un
rateau dans la cour, ou retourner une forme à
laitage.

Mais Dieu paraît s'être servi de cette circonstance pour un bien plus définitif. Madeleine s'était offerte au service de Dieu dans la

mesure et de la manière qu'il voudrait, pour accomplir sa volonté, quelle qu'elle fût. Une voix intérieure lui fit comprendre, en ces journées de charitables œuvres, que Dieu avait choisi pour elle ce genre de vie; c'était dans la personne de ses membres souffrants qu'il attendait d'être servi par elle.

Il allait du reste manifester plus sensiblement ses désirs en plaçant Madeleine sous une direction plus suivie, et en mettant sa belle petite âme, façonnée déjà au suave amour de Dieu par l'évêque de Genève, entre les mains d'un autre saint dont le nom seul est synonyme de charité.

L'année suivante, c'est-à-dire en 1618, saint François de Sales vint à Paris et y séjourna plusieurs mois. Depuis longtemps les marguilliers de Saint-André des Arts le pressaient de venir prêcher dans leur église les stations de l'Avent et du Carême, et le saint prélat, qui aimait tant la France, dit son historien, aurait bien désiré se rendre à cette invitation, mais toujours le duc de Savoie y mettait obstacle, ne voulant pas laisser s'éloigner de ses Etats un homme dont les services étaient si précieux au pays. En 1612, le pieux évêque

avait été obligé d'envoyer des refus à Lyon et
à Paris, qui le demandaient en même temps
pour le Carême. Cette fois les circonstances
furent plus favorables, et il se trouva envoyé
par celui-là même qui le retenait d'habitude.
Le duc désirait faire épouser à son fils aîné,
le prince de Piémont, héritier du duché,
Christine de France, sœur de Louis XIII. Il
députa en ambassade, pour demander la main
de cette princesse, son autre fils, le cardinal
de Savoie, lui composa un brillant cortège
formé des plus honorables personnages de
ses Etats, et ne manqua pas de comprendre,
dans les seigneurs qui l'accompagnaient,
l'illustre évêque de Genève. Saint François
vint donc à Paris. Il donna satisfaction aux
marguilliers de Saint-André des Arts en prêchant dans cette paroisse l'Avent de 1618 et
le Carême de 1619, mais bien d'autres églises
retentirent de son éloquente parole, car ses
biographes ont compté que, pendant cette
année passée à Paris, il était monté en chaire
jusqu'à trois cent soixante-cinq fois.

De nombreux travaux se joignirent à ces
prédications : conversions d'hérétiques, conseils pour diverses œuvres, confessions innom-

brables, et il se trouva en relation avec tous ceux que leur zèle pour la gloire de Dieu faisait alors remarquer. André Duval, doyen de la faculté de théologie de Paris et supérieur général des carmélites de France; le père Suffren, confesseur de Louis XIII et de Marie de Médicis; M. Bourdoise, fondateur de la communauté de Saint-Nicolas du Chardonnet, lièrent avec lui des amitiés pleines de douceur et d'édification. Mais plus grand encore fut l'attrait qui porta le doux évêque de Genève vers l'humble et simple Vincent de Paul. Comme jadis François d'Assise et Dominique de Guzman tombant dans les bras l'un de l'autre, on eût dit que leurs âmes s'étaient pénétrées d'un coup d'œil; l'humilité de chacun le jetait en admiration devant l'autre, mais c'étaient deux cœurs vibrant à l'unisson, quoique en des sphères différentes, vibrant sous la seule impulsion du détachement de soi-même et de l'amour de Dieu.

Il y avait huit ans déjà que saint François de Sales avait jeté les bases de la Visitation; Mme de Chantal venait d'établir une maison à Paris. Aux pieuses épouses de Jésus-Christ que renfermait cet asile, il fallait pour père et

pour supérieur, dit saint François de Sales,
« un homme de grande vertu et grande charité, et parfait en un si haut point qu'il fût
capable de perfectionner les âmes que Dieu
appelait à la plus haute perfection ». Il choisit
saint Vincent de Paul. Et après lui avoir
confié le soin de ces filles du cloître que Vincent devait conduire trente-huit ans avec une
sagesse et une prudence dignes de leur premier père, François de Sales songea aussi à
lui léguer le soin des autres âmes qu'il dirigeait dans le monde, et qui n'en étaient pas
moins les filles de son cœur. Il les avait vues
fréquemment dans le cours de cette même
année; peut-être pensait-il qu'il leur serait
meilleur de se trouver plus souvent soutenues,
conseillées, corrigées par le même directeur;
peut-être sentait-il approcher le terme de tous
ses voyages; Dieu, connaissant les œuvres
immenses qu'allait entreprendre saint Vincent,
voulait peut-être qu'il trouvât sous sa main un
plus grand nombre de dociles instruments;
toujours est-il que François de Sales remit à
M. Vincent, comme on l'appelait, beaucoup
de ses filles spirituelles; Mme de Lamoignon
et ses enfants furent du nombre.

CHAPITRE IV

PASSER d'un saint à un autre, certes, c'est un beau privilège, alors même que ces saints ne s'appelleraient pas François de Sales et Vincent de Paul. Quelle responsabilité si on ne profite pas de faveurs pareilles ! La présidente de Lamoignon et ses filles répondirent à ces faveurs, chacune selon les vues de Dieu. Modèle des chrétiennes, des épouses et des mères, la première savait si bien régler et employer son temps que ses exercices de piété ne nuisaient point à ses devoirs d'état ; et cependant ceux qu'elle embrassa peu à peu, en avançant dans la

vie et dans la perfection, paraîtraient, aux yeux
de beaucoup, les pratiques d'une religieuse plutôt que celles d'une femme du monde. Chaque
jour Mme de Lamoignon entendait tout l'office
divin. Elle était prête pour matines, à 4 heures
en été, à 5 heures en hiver. Une fois qu'elle
tomba en faiblesse, on s'aperçut qu'elle portait un cilice et une ceinture de fer dont les
pointes aiguës l'avaient blessée en plusieurs
endroits. Saint François de Sales pensait
qu'elle n'avait jamais commis de fautes plei-
nement volontaires. Son zèle pour les pauvres,
nous le verrons passer dans le cœur de ses
enfants, car les mêmes œuvres furent communes à la mère et aux filles. Quelques-uns
lui reprochaient de manquer de prudence dans
l'exercice de sa charité et de moins se préoccuper de l'avenir de ses enfants que des besoins
des pauvres; c'était chez elle confiance absolue
en la divine Providence, et si une telle confiance étonne les hommes, Dieu se chargea
pour sa part de la justifier. Les enfants de la
présidente firent tous honneur à la famille
chrétienne dans laquelle ils avaient pris naissance; tout jeunes ils se portaient au bien et à
la vertu comme par une inclination naturelle.

Les biographies manuscrites du temps disent qu'ils avaient de l'enfance seulement la docilité, et que les parents les conduisaient beaucoup plus par l'affection et la douceur que par la crainte et les châtiments.

Anne, l'aînée, fut mariée à Théodore de Nesmond, maître des requêtes au parlement de Paris et frère du vénérable évêque de Bayeux, dont la mémoire est encore en honneur dans ce diocèse. Elisabeth entra à la Visitation de la rue Saint-Jacques. Le moment arriva bientôt où le président se préoccupa d'assurer le sort de Madeleine.

Douée d'un extérieur agréable, d'un esprit vif et facile, d'une certaine grâce dans les manières qui la rendait généralement sympathique, celle-ci était recherchée par les compagnies que voyait sa sœur aînée. Elle avait ses entrées à l'hôtel de Condé, parce que M. de Nesmond était chef du conseil de ce prince. La petite cour choisie, composée de gens d'un esprit fin et délicat, qui entourait la princesse Charlotte de Montmorency, l'accueillait avec empressement, et la princesse elle-même se plaignait de la voir trop peu. N'y avait-il pas là quelque présage d'un établissement avantageux? Mais d'autres voix parlaient au cœur de Madeleine plus haut que les voix du monde et lui faisaient redouter les séductions de celles-ci. Rentrée chez elle, elle se reprochait le plaisir qu'elle avait éprouvé des louanges reçues ; souvent, dans le silence de l'oraison, elle appréhenda que ce qui lui paraissait innocent ne fût un commencement de corruption, et, bien qu'au dire de ses confesseurs, elle ait conservé toute sa vie la grâce de son baptême, elle redoutait l'enfer et les jugements de Dieu comme si elle eût été criminelle. Cette délicatesse de conscience, exagérée quelquefois jusqu'au trouble, si ce n'est jusqu'au scrupule, fut, du reste, toute sa vie l'épreuve de son âme. Dieu la permit sans doute, soit pour empêcher alors qu'elle ne prît goût au monde, soit pour la retenir plus tard dans une constante humilité, que la vue claire de ses vertus aurait risqué de compromettre.

Consultée sur sa vocation, Madeleine avoua en tremblant qu'elle se sentait une vive répulsion pour l'état du mariage ; mais ce qui étonna plus encore sa famille et ce qui l'étonnait elle-même, c'était de ne pas se sentir un

attrait vraiment prononcé pour la vie religieuse. Liée d'amitié avec plusieurs filles du
cloître, elle les admirait, se trouvait profondément heureuse de partager leur vie quelques
jours dans des retraites ou quelques autres
circonstances qui l'amenaient à la Visitation ;
mais il ne lui semblait pas que ce fût là sa
voie et que Dieu l'appelât. Sa déclaration
parut étrange à ses proches, à ses connaissances et à presque tout le monde, les filles
de sa condition ayant coutume de choisir de
bonne heure entre le mariage et l'état religieux. Elle-même n'osa faire cette déclaration
qu'en tremblant. Elle pouvait affirmer seulement qu'elle ne se sentait appelée ni à l'un
ni à l'autre des deux états précédents, mais
sa timidité naturelle, son humilité troublée à
l'idée de réclamer une situation à part, la
crainte de se tromper, d'être dans l'illusion,
l'empêchaient d'exposer clairement l'idéal
qu'elle entrevoyait, comme d'en montrer les
avantages.

Aussi timide que pénétrant, ce qui pourra
paraître étrange à ceux qui n'ont pas fait l'expérience de ces caractères, son esprit était
toujours dans l'hésitation pour les questions

où la volonté divine, où la gloire de Dieu
était en jeu, et la pensée de se distinguer par
un choix en dehors des voies ordinaires semblait bien faite pour l'empêcher de voir clair
dans ses propres idées. Cette incertitude lui
causa de grandes souffrances. Refuser les
positions offertes, se déclarer presque incapable de les remplir, et ne pouvoir ou n'oser
faire valoir la beauté de la vie qu'on entrevoit
est une peine pour la conscience et une
épreuve pour l'humilité. Madeleine ne savait
s'expliquer autrement sur ce qu'elle voulait
qu'en disant ses répugnances et ses difficultés
sur ce qu'elle ne voulait pas. Elle ajoutait
parfois en plaisantant qu'elle se marierait vo-
lontiers pour faire comme les autres, si elle
savait rester veuve après la messe de mariage.

Elle n'oubliait certes pas d'où vient la lumière en pareille occurrence ; elle priait Dieu
ardemment de lui faire connaître sa volonté,
et comme elle savait que Dieu ne manifeste
pas toujours directement cette volonté à l'âme
qui la cherche, elle consultait ceux qui avaient
autorité sur elle, afin de recevoir par leur
canal les lumières d'en haut, et de trouver

dans la grâce de l'obéissance un terme aux hésitations, aux combats de son âme. Mais ses parents eux-mêmes, pour consentir à ses projets, demandaient à être rassurés et conseillés. Ils craignaient que la ferveur qui animait leur fille ne fût que passagère, qu'elle ne s'affaiblît au contact du monde autant qu'elle se fortifie dans le cloître, et que Madeleine n'en vînt à regretter trop tard le parti qu'elle aurait pris. Rester dans le monde sans y contracter des liens leur paraissait une position fausse. Ils craignaient pour elle l'isolement de la vieillesse, la tristesse et le découragement qui pourraient envahir son âme quand arriveraient ces jours où la force manque, où la vie se restreint, et où on n'a plus autour de soi de proches pour vous aimer. — Dieu sera toujours avec moi, répondait Madeleine, et puis l'exemple de ma mère me prouve déjà qu'on peut se créer au milieu des pauvres une famille et des enfants.

Saint Vincent, consulté par M. et Mme de Lamoignon, comprit ce que beaucoup appelaient un caprice. Il vit là une de ces vocations providentielles qui peuvent faire entrer la charité dans une voie spéciale. Des temps ne pouvaient-ils pas venir où des obstacles seraient élevés sur les autres voies ouvertes jusqu'alors, et où celle-là deviendrait une ressource ? Pendant des siècles, les institutions religieuses régulières avaient subvenu aux besoins de l'humanité, pansé toutes ses plaies, consolé ses douleurs ; mais aux premiers temps de l'Eglise on avait vu des vierges et des veuves rester dans leurs familles, bien que vouées aussi au service de Dieu et à son œuvre dans ce monde ; un pareil ordre de choses pouvait de nouveau avoir sa raison d'être. A côté de l'armée régulière, on voit souvent des francs-tireurs, et ce ne sont pas les cœurs les moins dévoués, ni les vies les moins exposées : Dieu ne peut-il pas avoir besoin, pour certaines œuvres, d'ouvriers indépendants dont il change à son gré le mot d'ordre ?

Les saints ont de ces lumières sur ce qui paraît absurde aux yeux du monde. Saint Vincent de Paul aurait pu offrir à Madeleine la vie douce et contemplative de la Visitation. Il eût pu lui proposer les austérités du Carmel, car Paris était en admiration devant les vertus de Mme Acarie, et les filles de sainte

Thérèse, qu'elle y avait amenées, excitaient un vif enthousiasme. Il eût pu la donner pour compagne à Mlle Legras et la consacrer ainsi à cette vie active de la charité pour laquelle il n'y a jamais trop d'ouvriers. Docile à ses paroles, défiante d'elle-même, Madeleine aurait vu là le terme de ses hésitations et se serait soumise. Mais saint Vincent jugea que son attrait particulier recélait une manifestation de la volonté divine, qu'elle pourrait joindre dans le monde quelques-unes des pratiques du cloître aux œuvres de la charité, et mener ainsi une vie tissée de contemplation et d'action.

Compagne de sa mère dans ses exercices pieux et ses bonnes œuvres, Madeleine faisait aussi la joie de son père par la vivacité de son esprit; c'était donc pour elle seule qu'ils avaient hésité, et ils se trouvèrent heureux de la garder. Plusieurs fois cependant, la chose qui paraissait résolue fut remise en question; cela avait lieu quand un parti avantageux se présentait; on croyait alors devoir peser de nouveau le pour et le contre. C'était un vrai tourment et d'interminables inquiétudes.

Une fois entre autres, saint Vincent n'était pas à Paris ; le confesseur ordinaire de Madeleine, qui se trouvait alors M. L'Eguillier, prêtre vertueux, depuis curé de Saint-Josse, s'absente également ; on presse Madeleine d'accepter un mariage ; se sentant incapable de résister seule aux sollicitations de ses proches et de prendre elle-même la responsabilité d'une nouvelle décision, elle écrit à M. L'Eguillier pour le prier d'examiner devant Dieu ce qu'il croit être sa vocation.

« Ne pouvant me résoudre, dit-elle, à conférer de mon intérieur avec d'autres qu'avec vous, je vous écris pour vous prier de me donner encore une fois votre avis touchant l'état de vie où je me suis crue appelée. Vous m'avez autrefois ordonné, dans une tentative pareille à celle qui se présente, de renouveler mes premières résolutions ; je les ai donc de nouveau offertes à Dieu avec une si entière résignation que je suis prête à les exécuter, quelque obstacle que j'y puisse trouver. Ne méritant pas que Dieu me fasse connaître sa volonté par lui-même, et m'estimant déjà heureuse que vous, qui êtes son interprète, vouliez bien me la faire connaître, je vous supplie de me la déclarer comme vous me la déclarâtes une première fois où je me suis trouvée remplie d'une si grande paix et de consolation. Cela du reste m'est toujours arrivé, chaque fois que, d'après vos conseils, j'ai renouvelé mes résolutions. Cette consolation a été si sensible que, quand je n'aurais pas l'espoir du paradis, je me sentirais dans la disposition de servir Dieu uniquement pour Lui-même, et je regrettais de n'avoir pas de plus grands sacrifices à lui offrir. Depuis, certains discours tenus dans ma famille ont troublé cette consolation. En me proposant un parti qui conviendrait à tous les miens, on me représente que, loin d'abandonner mes pauvres, j'aurais, dans le mariage, plus de liberté pour certaines œuvres de charité ; qu'on sert Dieu partout ; et que la perfection d'une mère de famille n'est pas moins enviable que la perfection à laquelle j'aspire. Pour que je n'aie pas à me reprocher d'avoir rien négligé, d'avoir méprisé aucun conseil, apportez encore votre voix dans la balance ; daignez me manifester la volonté de Dieu ; et si vous approuvez ma conduite, ce sera la dernière fois que je vous consulterai à ce sujet. »

Le confesseur réitéra ce qu'il avait déjà dit. Il pensait que le dessein de Madeleine lui était suggéré par Dieu même. — « Ce qu'on vous a dit de nouveau, ajoute-t-il, paraît spécieux dans la forme, mais se trouve faux quant au fond. Ce n'est pas de la même manière qu'une mère de famille, avec ses multiples devoirs, peut se vouer aux œuvres de miséricorde spirituelles ou temporelles. L'état religieux, à la vérité, serait plus parfait en lui-même, mais plusieurs raisons font croire que Dieu vous trace une autre voie. Il faut donc y marcher pour répondre à son appel. Lui-même apaisera les troubles et rendra facile ce qui paraît impossible. »

Pour Madeleine la décision était donnée. Sa famille réclama encore autre chose ; elle voulut consulter sur ce qui paraissait si extraordinaire un homme de jugement, mais un homme du monde. Ce fut le président de Bellièvre, fils du chancelier de ce nom et père du premier président. Etant allé à Basville faire visite au président de Lamoignon dans le temps qu'on pressait la jeune fille de consentir à un mariage, il eut un long entretien avec elle, et dit enfin à son père de ne plus l'inquiéter sur le parti qu'elle voulait prendre, de l'abandonner sans crainte à l'esprit qui la guidait.

CHAPITRE V

Peines intérieures. — Règlement de vie.
Tout pour Dieu en imitant Jésus.

ES obstacles levés du côté de la famille et du monde, suit-on paisiblement le chemin que l'on s'est proposé de suivre? Hélas! le repos, on le sait, n'est pas de cette terre; le ciel s'acquiert par la violence, et on porte en soi-même une source de luttes. La censure des uns et l'interprétation des autres, auxquelles fut nécessairement exposée Madeleine; les difficultés que lui créait, dans certaines œuvres, sa jeunesse trop grande encore pour lui laisser toute liberté d'agir, ne furent rien en comparaison des peines intérieures qu'elle éprouva pendant sa vie. Après avoir longtemps réfléchi, hésité

lorsqu'elle avait une décision à prendre, il lui semblait toujours qu'elle avait pris le plus mauvais parti possible; après avoir mis dans ses actes toute la pureté d'intention qu'elle avait pu y mettre, il lui semblait toujours qu'elle les avait mal faits, qu'elle gâtait tout par ses imperfections, qu'elle n'acquérait aucun mérite et qu'elle offensait Dieu. Son naturel timide formait une terre toute préparée pour recevoir ces semences de découragement, et plus d'une fois l'ennemi du salut s'en servit pour la jeter dans la tristesse et l'abattement. L'auteur de la relation manuscrite que l'on possède de sa vie cite un fait que nous rapporterons textuellement sans y ajouter le moindre commentaire, lui-même « laissant au lecteur la liberté de juger ».

« Un jour, dit-il, elle était agitée d'une manière extraordinaire par ces appréhensions fatigantes; son confesseur absent, elle avait consulté en vain plusieurs personnes éclairées qui, ne la connaissant pas à fond, avaient augmenté son trouble au lieu de le calmer. Dans cette grande perplexité, et comme elle invoquait le secours d'en haut, elle reçut une lettre sans signature et d'une écriture inconnue, dans laquelle on lui disait de jeûner un certain nombre de jours et de faire dire un certain nombre de messes en l'honneur de la sainte Vierge. Moyennant ces pratiques, ajoutait la mystérieuse missive, sa peine serait soulagée. Naïvement, docilement, elle suivit ce conseil; son trouble se dissipa d'une manière complète pour le moment, et ses inquiétudes de conscience furent même moins grandes et moins crucifiantes par la suite. »

Il lui resta néanmoins cette disposition habituelle à y retomber, que Dieu permettait peut-être pour éprouver sa constance, épurer sa charité, la tenir dans l'humilité et lui faire pratiquer aveuglément cette belle vertu de l'obéissance qui est l'unique ressource des âmes timorées.

Elle organisa donc sa vie pour le service de Dieu et des pauvres. Cette vie, mêlée intimement à celle de sa mère, n'en différait que par le théâtre plus grand que pouvait embrasser la charité de Madeleine, par l'essor de zèle plus étendu que lui imposait son titre unique de servante de Dieu et des pauvres, qu'amenaient peut-être aussi les nuances de caractère distinguant les deux pieuses femmes. La présidente n'interrompait ses longs et fréquents entretiens avec Dieu que pour écouter les malheureux dont sa maison était le rendez-vous, dont sa chambre souvent était pleine. Sa fille, plus vive, plus agissante, allait chercher les misères cachées dans les lieux où l'infirmité ou bien la honte les retenaient. Leur existence à toutes deux formait un si beau mélange de la vie active de Marthe, de la vie contemplative de Marie, que la ferveur de la contemplation n'empêchait pas la mère de consacrer bien des heures aux œuvres de charité, et que l'action de la fille, bien que pleine d'ardeur, laissait place à de délicieux moments tout consacrés aux exercices de la vie intérieure. On ne saurait du reste aimer véritablement le prochain sans aimer beaucoup Dieu, s'occuper efficacement du prochain sans le faire en vue de Dieu, ni déverser sur personne des trésors de charité sans les avoir puisés par la prière, l'oraison, la sainte communion à l'unique source où on les trouve : au Cœur sacré de Jésus-Christ.

De concert avec ses directeurs, Madeleine s'était tracé un règlement qu'elle garda fort longtemps. Dans les dernières années de sa vie, elle fut obligée d'y apporter quelques changements; mais si les heures consacrées aux exercices de piété reçurent quelques modifications, on peut dire que ces exercices alors étaient devenus de toutes les heures, tellement son attention à rapporter tous ses actes à Dieu était constante, et son entretien avec lui facile. Son âme restant continuellement unie à Dieu, sa vie constituait une perpétuelle oraison. Pas plus chez elle que chez d'autres, cette union habituelle avec la divinité ne s'était acquise sans peine. Elle résultait de sa fidélité à observer dès sa jeunesse le temps consacré à la méditation, aux lectures pieuses, à l'examen de ses actes et de ses pensées. Elle résultait de la ferveur de ses actions de grâces après la communion; les entretiens avec le divin Maître le reste de la journée semblaient une suite du colloque intime qui s'était établi le matin entre son âme et le Dieu de l'Eucharistie.

Elle se levait tous les jours à cinq heures, faisait une heure de méditation et entendait la sainte messe. Dans la journée, en une ou plusieurs fois, selon les circonstances, elle consacrait une heure à la lecture spirituelle;

deux fois par jour elle faisait minutieusement l'examen de sa conscience. Pendant plusieurs années elle communia deux fois par semaine ; dans la dernière partie de sa vie elle le faisait tous les jours. Comme elle avait une tendre dévotion à la sainte-Vierge, à laquelle elle reconnaissait devoir beaucoup de grâces, elle ne passait pas un jour sans l'honorer par quelque pratique particulière. Tous les ans elle prenait, sur le temps des pauvres, disait-elle, quelques jours de retraite complète pour méditer plus à loisir les vérités évangéliques, se les imprimer plus avant dans l'esprit, les appliquer plus minutieusement à sa vie et à ses œuvres. Il reste quelques fragments, mais en très petit nombre, des résolutions écrites par elle en ces jours de recueillement.

« Dieu m'a faite pour le servir, et je l'ai tant de fois offensé que cette pensée me remplit de crainte. Mais je lis que Jésus-Christ n'est pas tant venu pour les justes que pour les pécheurs ; cela me remplit de confiance. Et quand je n'aurais plus ni peines à craindre ni récompenses à espérer, je servirais encore pour lui-même et pour sa bonté un Dieu si plein de miséricorde.....

« Jésus-Christ a tout fait pour moi ; je ne puis rien faire pour lui ; il a tout fait parce qu'il m'a aimée infiniment ; je veux au moins l'aimer et je l'aimerai de toute l'étendue de mon cœur, autant que j'en suis capable.....

« Jésus-Christ a paru d'abord au monde sous la forme d'un enfant ; cela m'apprend qu'il faut servir Dieu avec la simplicité d'un enfant, en toute humilité, et s'abandonner complètement aux desseins de sa Providence adorable. Les pasteurs l'ont trouvé plus facilement que les Mages ; les petits le trouvent plus facilement que les grands. Il faut que nous soyons petits à nos yeux pour trouver grâce devant les siens.....

« Le Sauveur lui-même est resté longtemps caché, inconnu aux hommes. Cet exemple doit me rendre suspectes les choses spécieuses et éclatantes ; mon penchant doit me porter surtout aux choses intérieures et obscures.

« Jésus-Christ n'a avancé l'œuvre dont son Père l'avait chargé qu'autant que cela lui était marqué par l'ordre de la Providence ; je dois donc modérer ma vivacité naturelle dans ce que j'entreprendrai pour sa gloire, attendre son inspiration, la suivre sans découragement dans les difficultés, sans impatience dans le succès.

« Il a opéré notre rédemption par la croix. Je dois la porter après lui, avec lui, pour travailler efficacement à mon salut et à celui des autres; on n'y peut manquer de contradictions; on y trouve partout des obstacles; pour les surmonter il faut, selon sa parole, renoncer à soi-même et le suivre. Je renoncerai donc en toutes choses à ma volonté, à mon jugement propres, assujettissant l'un et l'autre à ceux que la Providence me donnera pour guides, car j'ai résolu de conformer ma vie à celle de Jésus-Christ et aux maximes de son Evangile..... »

Une vie intérieure intense et régulière était donc le fond d'où provenaient les actes extérieurs de Mlle de Lamoignon. Elle avait compris cette parole de saint Paul : Celui qui fait des œuvres éclatantes et ne les anime pas de l'esprit intérieur est semblable aux instruments qui font grand bruit et pas d'effet. »

Combien d'âmes se perdent, il est vrai, après avoir travaillé au salut des autres! Madeleine savait que les choses mêmes qui attirent l'admiration des hommes peuvent

encourir le blâme de Dieu qui voit le fond
des cœurs, ou tout au moins ne sont d'aucun
prix à ses yeux. Sa maxime particulière paraît
avoir été : Tout pour Dieu, par l'imitation de
Jésus-Christ.

Il n'est sortes d'expédients qu'elle n'ima-
ginât pour tenir ses œuvres secrètes aux yeux
des hommes, mais elle faisait du bien à trop
de monde pour que cela fût possible. Longtemps ses ingénieux efforts firent attribuer
quantité de travaux à ses parents et à d'autres
personnes qui s'en occupaient avec elle, mais
elle accomplit encore tant de grandes et belles
œuvres après la mort des premiers, que l'on
dut faire la part des choses. Si sa main droite
ne réussit pas plus souvent à cacher ce que
faisait sa main gauche, il est au moins permis
de croire que ses œuvres étaient bien devant
Dieu ce qu'elles paraissaient devant les hommes, ou plus belles encore, tellement elle y
mettait de pureté d'intention et recherchait la
gloire divine en toutes choses.

Elle saisissait du reste avec bonheur toutes
les occasions de pratiquer l'abnégation, l'humilité, la mortification, et très souvent elle
les faisait naître, disant qu'elle était bien

obligée de chercher des pénitences volontaires, puisque Dieu ne lui avait donné dans sa famille aucune de ces croix domestiques qui exercent la patience de tant d'autres chrétiens.

La vie était douce en effet à l'hôtel de Lamoignon, à cause de la vertu de chacun. Un père à la fois si digne que tous l'honoraient au dehors, si bon que tout était facile autour de lui ; une mère dont saint François de Sales a dit le mot que nous avons répété, un frère en qui se révélaient de jour en jour une profondeur d'esprit et une élévation de caractère peu communes, cela composait un intérieur où le cœur pouvait s'épanouir, la tendresse se dilater, les bonnes œuvres s'avouer au grand jour sans qu'il en résultât ni choc ni souffrance.

Certes, si M. de Lamoignon et son fils eussent été de ces hommes qui n'ont de chrétien que le nom, ils eussent trouvé à redire dans leur intérieur ; ou plutôt, le jugement parfait, l'esprit évangélique des deux saintes femmes le fait supposer, elles eussent sacrifié l'accomplissement des préceptes aux obligations que leur aurait créées cet état de choses, et n'auraient pas pu faire tout le bien qu'elles faisaient. Mais le père et le fils voyaient tout avec les yeux de la foi et non d'après les vues humaines. Aussi l'hôtel de Lamoignon était-il le rendez-vous des malheureux. En hiver surtout on y voyait accourir vieillards, femmes, enfants, et, si nombreux que fussent les hôtes, chacun s'en retournait consolé, soulagé, fortifié. Et les maîtres ne s'impatientaient jamais de ces allées et venues. Plus d'une fois l'heure du dîner se trouva un peu retardée parce qu'on avait donné à de pauvres nécessiteux ce qui avait été préparé pour l'ordinaire de la famille, et qu'il fallait à la hâte dresser un autre repas. On pensait alors à la parole du Sauveur : J'ai eu faim et vous m'avez nourri ; on s'en réconfortait en attendant, puisque la parole de Dieu est aussi une nourriture.

CHAPITRE VI

Mort du Président de Lamoignon. — Madeleine et les pauvres. — Témoignage de saint Vincent de Paul.

ETTE terre ne serait pas la terre, c'est-à-dire la vallée des larmes, si le bonheur durait longtemps ; sans compter même les nuages légers qui planent sur tout horizon, les épreuves passagères que nous subissons tous, ce qui fait l'azur de notre ciel et le fond de notre bonheur ne fait que paraître et s'en va.

Un jour de l'année 1636, les pauvres entraient à l'hôtel de Lamoignon plus nombreux que jamais; mais au lieu d'avoir sur les lèvres le sourire d'espoir qui leur était habituel, ils avaient des larmes dans les yeux ; au lieu d'attendre leur tour et de pénétrer jusqu'à la chambre de Mme de Lamoignon ou à celle de Madeleine, ils se réunissaient dans la cour d'honneur dont les portes étaient grandes ouvertes : ils venaient faire cortège au président de Lamoignon, que Dieu avait rappelé à lui.

Comme les anciens patriarches, il était mort plein de foi et de confiance en Dieu, il avait béni sa famille et s'était endormi attendant l'accomplissement des promesses divines.

La foi élève et purifie nos tendresses naturelles : elle ne les anéantit pas ; et le Dieu qui pleura sur Lazare ne blâme point les larmes versées sur ceux qui nous sont chers. Aussi, malgré toutes les présomptions qu'elles pouvaient avoir du bonheur éternel de celui qu'elles pleuraient, Mme de Lamoignon et sa fille ressentirent une douleur immense; à chaque instant leurs larmes recommençaient à couler, dans cette demeure où tout parlait de lui. Elles résolurent de demander à une solitude plus grande la résignation et la conformité à la volonté divine, et allèrent passer les premiers mois de leur deuil à la Visitation de la rue Saint-Jacques. Le calme profond de cette sainte retraite; les oraisons plus multipliées, moins troublées par des soins extérieurs, mirent comme un baume sur la plaie saignante de leurs cœurs. Mais il ne leur était pas permis d'y prolonger trop leur séjour; leurs pauvres en souffraient; puis, le jeune Guillaume, arrivé à l'âge de s'établir, avait besoin de la direction de sa mère. Mme de Lamoignon et sa fille revinrent donc à l'hôtel et reprirent leur vie accoutumée.

Quatre ans après, Guillaume de Lamoignon épousa Madeleine Potier de Blancmesnil; bien que continuant à habiter avec lui, sa mère et sa sœur remirent à la jeune femme la conduite de la maison et purent s'adonner, même au milieu du monde, à une vie plus retirée, consacrer plus de temps aux bonnes œuvres. N'ayant plus à s'inquiéter que de leurs intérêts propres, elles donnèrent moins de bornes à leurs libéralités. Elles diminuèrent leur train de maison, réduisirent leur appareil de meubles, d'habits, de vaisselle à une plus grande simplicité, et malgré toutes ces économies, il leur arriva plus d'une fois, par une sainte imprudence, d'être au bout de leurs revenus avant qu'on fût au bout de l'année. M. de Lamoignon pourvoyait alors à ce qui était nécessaire, et elles disaient gaîment que tantôt elles faisaient l'aumône, tantôt elles la recevaient. La prudence obligea cependant de prendre une mesure régulière. Il fut décidé qu'une demoiselle de la maison de la présidente, remplissant l'office d'intendante, recevrait directement des fermiers ce qui fut jugé indispensable à l'entretien de ces deux dames.

Plus active et plus entreprenante, Madeleine visitait les pauvres; elle se faisait la pourvoyeuse de sa mère, allant chercher dans les faubourgs les plus reculés de Paris les misères physiques ou morales qui s'y cachent en si grand nombre. Toute jeune encore et accompagnée d'une femme de chambre, elle avait commencé ce beau ministère de la charité. De grand matin elle s'arrachait au repos, et, après avoir puisé dans ses exercices de piété la force nécessaire, s'en allait tantôt dans un quartier et tantôt dans un autre, soigner tel malade qui n'avait personne autour de lui, porter des provisions à tel vieillard qui n'osait mendier, réconforter telle mère de famille accablée sous le poids de la misère, des obligations quotidiennes, et recevant de ces assistés la révélation de telle ou telle autre misère qu'ils avaient découverte près d'eux. Elle apportait des remèdes aux malades, du pain et des vêtements aux vieillards, des douceurs aux petits enfants. Elle apparaissait comme un rayon de soleil ou un ange consolateur dans les mansardes les plus infectes et les réduits les plus obscurs. Elle pansait des plaies rebutantes, lavait, peignait et caressait les enfants quand la mère, retenue au lit, ne pouvait accomplir sa tâche, faisait le ménage des infirmes, allumait leur feu, préparait leur bouillon.

Mais hélas! souvent, ailleurs que chez des infirmes et des malades, elle trouvait négligés les soins de la propreté, si nécessaires cependant à la santé et à la vie. Dans plus d'un grenier où l'on ne voyait que poussière et toiles d'araignée, où les loques les plus hideuses entassées pêle-mêle laissaient à peine une place où poser le pied, son cœur se soulevait; mais elle avait pour principe de ne jamais faire une observation sur ce sujet. Les paroles, en effet, ne valent pas les exemples. Son cœur lui disait qu'il est un degré de misère où les âmes sont envahies par le découragement, et n'ont plus goût à rien. Elle n'avait pour les pauvres femmes négligentes que de consolantes paroles. « Que vous devez être fatiguée, disait-elle, avec votre enfant, avec votre travail ! attendez : je vais un peu redresser votre chambre ; ce sera toujours aujourd'hui cela de moins pour vous. » Elle déposait son mantelet et se mettait à l'œuvre. Elle remuait la paille du grabat, nettoyait le plancher, débarrassait les chaises, cherchait où l'on pouvait installer quelques clous pour pendre les vêtements, rassemblait en un même coin les rares et pauvres ustensiles de cuisine ; puis, quand le grenier avait pris bon air, s'asseyait un instant, parlait du Dieu qui récompense si largement le malheur bien supporté, de ses mandataires ici-bas qui ne demandent pas mieux que d'adoucir ce malheur dans la mesure du possible, et laissait enfin ce qu'elle avait apporté, en disant : « Je reviendrai bientôt. »

A l'idée de cette visite prochaine, la pauvre femme réconfortée secouait son apathie. Mademoiselle avait paru croire qu'on faisait ordinairement ce qu'elle-même avait fait ce jour-là ; l'amour-propre se trouvait en jeu ; l'humble ménage était entretenu, et il était rare qu'à la visite suivante, Madeleine fût obligée de refaire ce qu'elle avait fait. Elle ne manquait pas alors de constater, dans une remarque amicale, le bon état du logis, de complimenter les enfants sur leur tenue; et l'effort sur soi-même, ainsi récompensé, ne tardait pas à devenir pour la famille une précieuse habitude.

Ailleurs, des esprits ulcérés, aigris contre Dieu et les hommes, demandaient des soins plus longs, des prévenances plus persévérantes pour s'adoucir enfin et se laisser toucher par la grâce de Dieu. C'était toujours à l'infatigable charité de Madeleine, à sa douceur insinuante, à l'affection qu'elle leur témoignait, qu'ils finissaient par se rendre, et non point à des discussions ou à des controverses.

Ces courses évangéliques se renouvelaient chaque jour et se prolongeaient parfois fort avant dans la journée. On vit plus d'une fois, dans ces circonstances, la jeune fille tomber accablée de lassitude et ne pouvoir presque plus remuer. Ses parents, tant qu'ils vécurent, s'alarmaient, la priaient de se ménager; mais si la foi accomplit des miracles, la charité en fait aussi; elle soutient des santés qui ne semblent pas devoir résister à la façon dont on les traite. Madeleine n'était jamais à bout

de courage si elle était parfois à bout de forces ;
elle recommençait aussitôt qu'elle pouvait et
ne s'effrayait d'aucune difficulté. « Elle va si
vite en œuvres que personne ne peut la
suivre, » avait coutume de dire saint Vincent
de Paul. Nous recueillons cette parole, parce
qu'elle est, dans une telle bouche, un éloge
au-dessus de tout autre, mais nous savons bien
que l'inimitable Vincent était lui-même l'ins-
pirateur, le moteur et l'exemple de la pléiade
qui l'entourait.

CHAPITRE VII

*Les confréries de Charité.
Dames visiteuses de l'Hôtel-Dieu.*

PENDANT le séjour de Vincent de Paul à Châtillon-les-Dombes, en 1617, le saint avait jeté dans cette petite et bienheureuse paroisse les fondements d'une œuvre qui devait couvrir bientôt toute la France; c'était la confrérie des Dames de charité, destinée à grouper les secours devant être distribués dans un certain rayon, et à les répartir avec mesure, discernement et régularité.

Tant que ces associations se renfermèrent dans les villages, elles comptèrent parmi leurs membres beaucoup de personnes qui, vouées par leur naissance et leurs habitudes à toutes sortes de travaux, servaient elles-mêmes les malades nécessiteux et remplissaient auprès d'eux tous les offices de miséricorde. Revenu à Paris, saint Vincent jugea son institution plus utile encore dans l'immense capitale, où les grands ignorent souvent la misère des petits, où le luxe ne connaît pas toujours le chemin du logis du pauvre, que dans les campagnes où chacun se connaît, se soutient, se secourt. Il y établit donc aussi des confréries de charité; c'est en 1629 qu'il commença à utiliser, pour cette œuvre, le zèle de Mlle Legras.

Il trouva facilement des cœurs qui s'émurent à sa parole ardente, des bourses qui s'ouvrirent à sa voix; pour les services personnels, ce fut plus difficile. Tantôt les obligations mondaines ne laissaient pas tout le temps nécessaire; tantôt les santés de personnes délicatement élevées ne répondaient pas aux courages; tantôt les maris craignaient la contagion de certaines maladies, le rapprochement inévitable que nécessitaient des soins souvent répugnants à donner. C'est à ce moment que saint Vincent adjoignit à sa confrérie de Charité celle des Servantes des pauvres. Toutes deux devaient s'aider, se compléter, se soutenir. D'un côté étaient les trésorières, les pourvoyeuses, les aides en bien des cas ; de l'autre, le service personnel constant, incessant, dévoué, qui allait être, qui est resté le lot des filles de saint Vincent. C'est, en effet, ce petit arbre planté à côté du premier, qui devait étendre peu à peu ses rameaux sur les deux hémisphères, couvrir de son ombre les terres chrétiennes et les terres barbares, inspirer le respect, l'amour et la reconnaissance au plus fanatique musulman comme au meilleur chrétien.

Dans ces premiers temps de semailles, où les germes soulevaient la terre et montraient déjà de beaux fruits, quelques dames des confréries gardèrent le rôle primitif qui avait d'abord été le leur ; elles assistaient vraiment les malades, servaient les pauvres de leurs mains autant que le permettaient leurs devoirs et leurs occupations ; elles restaient les auxiliaires des filles de la Charité, tout en étant leurs trésorières. De ce nombre fut Madeleine de Lamoignon. Elle ne se mit point sous la conduite immédiate de Mlle Legras, pour faire partie de cette corporation qui, dans l'origine, fut composée de filles de la campagne dénuées d'instruction autant qu'elles étaient pourvues de cœur ; non, elle continua à résider sous le toit de sa mère ou celui de son frère ; elle garda les livrées ordinaires des personnes de sa condition ; mais leurs œuvres furent communes. Tout en profitant de ses relations avec les grands pour amener les ressources nécessaires, elle paya de sa personne comme pas une ; elle donna ses peines, son temps, le service de ses mains comme l'amour de son cœur. On peut dire, sans crainte de se tromper, qu'elle fut moralement la tige de cette autre branche, plus cultivée selon le monde, qui ne tarda pas à se greffer sur la première ; elle est l'ancêtre de ces vierges sorties des plus grandes familles de France, qui vinrent bientôt cacher leurs noms et leurs vertus sous l'humble coiffe des filles de saint Vincent.

La présidente Goussault, les dames de Villesavin, de Bailleul, de Mecq, de Sainctot, de Pollalion, furent des premières à se réunir en 1633, pour des conférences présidées par le saint. On s'y occupait de tous les intérêts des pauvres ; on y exposait leurs besoins ; on cherchait à créer des ressources ; on prenait des déterminations pour organiser, modifier, étendre les diverses œuvres qu'on jugeait nécessaires. Mme d'Aligre, femme du chancelier, Mme de Traversay, Mme Fouquet se joignirent bientôt à cette association, dans laquelle entrèrent successivement la princesse de Gonzague, depuis reine de Pologne ; la marquise de Combalet, depuis duchesse d'Aiguillon, nièce de Richelieu ; la marquise de Maignelais, la présidente de Lamoignon et sa fille, la présidente de Herse, Mmes de Bragelonne, de Brienne, de Senneçay, de Viole, de Soucarrière. L'ardente charité de saint Vincent, répandue à flots dans ces assemblées, entraînait tous les cœurs. Au sortir d'une des réunions, la présidente de Lamoignon disait un jour à la duchesse de Mantoue :

« Eh bien, Madame, ne pouvons-nous pas dire, à l'exemple des disciples d'Emmaüs, que nos cœurs ressentaient les ardeurs de l'amour de Dieu pendant que M. Vincent parlait ? Pour moi, ajoutait-elle humblement, quoique je sois fort peu sensible à toutes les choses qui regardent Dieu, je vous avoue néanmoins que j'ai le cœur tout embaumé de ce que ce saint homme vient de dire.

« — Il ne faut pas s'en étonner, reprit Marie de Gonzague, il est l'ange du Seigneur qui porte sur ses lèvres les charbons de l'amour divin qui brûle dans son cœur.

« — Cela est très véritable, ajoute une troisième, et il ne tiendra qu'à nous de participer aux ardeurs de ce même amour. »

La première œuvre à Paris de ces auxiliaires actives, et celle à propos de laquelle les premiers règlements suivis furent donnés aux dames de charité, ce fut la visite des malades de l'Hôtel-Dieu. Vingt-cinq mille personnes de tout âge, de tout sexe, de tout pays, de toute religion passaient annuellement dans cet asile de la souffrance. Il y avait place là pour un grand déploiement de zèle et pour de nombreux dévouements. D'heureuses modifications dans le service de cet hôpital venaient déjà d'être opérées par Marguerite Bouquet, dite sœur du Saint-Nom de Jésus, qui, entrée dans la maison en 1613, en avait rangé la communauté sous la règle de saint Augustin. De concert avec elle, la commission laïque qui l'administrait, et le personnel ecclésiastique qui, sous la juridiction du chapitre de Notre-Dame, y pourvoyait au service du culte, aux besoins spirituels des âmes, faisaient certainement beaucoup pour le bien des malades. Mais dans un champ si vaste, que de bien restait encore à faire! A côté de tous les services réguliers, il y avait mille petites places pour la charité privée s'exerçant de différentes manières.

L'usage pour les femmes du monde de visiter les malades de l'hôpital était tombé en désuétude pendant les guerres de religion; il allait, au XVIIe siècle, redevenir habituel aux femmes des plus hautes classes. Il avait été déjà un des attraits de Mme Acarie; une autre l'imita. Suzanne Habert des Ternes, qui avait épousé Charles Dujardin, officier de la maison du roi, était demeurée, à vingt-quatre ans, veuve, sans enfants; et, refusant tous les partis que lui attiraient sa jeunesse, sa beauté, sa fortune, elle avait consacré sa vie à Dieu et aux bonnes œuvres. Elle vécut d'abord dans la retraite, cultivant son esprit par des lectures instructives, nourrissant son cœur de pieux sentiments. Elle aimait à parler de Dieu et de sa providence aux dames qui la visitaient. Son œuvre de prédilection était de favoriser les jeunes gens peu fortunés qui montraient quelque disposition pour l'étude, et surtout de porter les jeunes filles à la piété. Plusieurs protestants lui durent leur retour à la foi. Bientôt cès œuvres ne suffisant plus à son zèle, elle ressuscita l'usage des visites à l'Hôtel-Dieu.

Une autre jeune veuve, la présidente Goussault, également consacrée au service de Dieu depuis la mort de son mari, suivait, dans les règlements des Filles de la Charité, tous ceux qui étaient compatibles avec sa condition, et prenait de leurs œuvres toute la part qu'elle en pouvait prendre. Elle visita aussi l'hôpital, et ce fut elle qui, en 1634, supplia saint Vincent de former une compagnie de dames qui s'occuperaient régulièrement des malades de l'Hôtel-Dieu.

Les saints ne précipitent rien, Vincent de Paul, entre autres, savait que notre lot n'est pas tant d'agir que de laisser Dieu agir en nous et par nous, sans lui apporter d'obstacles. Il attendait toujours de connaître les desseins de la Providence. Il sembla d'abord ne pas tenir compte des prières de Mme Goussault. Elle revint à la charge, et se fit même appuyer par l'archevêque de Paris. Vincent alors n'hésita plus. Il permit à la présidente de convoquer, dans son hôtel de la rue du Roi-de-Sicile, quelques dames pieuses. Lui-même écrit le lendemain à Mlle Legras, qui n'avait pu venir : « L'assemblée a eu lieu chez Mme Goussault ; Mmes de Villesavin, de Bailleul, de Mecq, de Sainctot, de Pollalion s'y trouvèrent. » Il leur exposa l'œuvre à entreprendre, fixa au lundi suivant une nouvelle assemblée en les priant de recommander l'affaire à Dieu, de communier à cette intention, et d'amener celles de leurs amies qu'elles jugeraient aptes à la chose proposée.

A cette seconde assemblée se présentèrent, entre autres, Elisabeth d'Aligre, femme du chancelier de France ; Anne de Traversay, déjà veuve ; Marie Fouquet, la mère du surintendant. La chose étant décidée en principe, il s'agissait de l'organiser. On élut trois officières de la compagnie ; la présidente Goussault fut nommée supérieure ; Mlle de Pollalion, trésorière ; et saint Vincent fut établi directeur perpétuel.

Au bout de quelques jours, la compagnie

était à l'œuvre et comptait plus de cent dames, ce dont témoigne une lettre écrite à cette époque par M. Vincent afin d'obtenir des indulgences pour les confréries de Charité.

« Nous en avons érigé une, écrit-il à Rome le 25 juillet 1634, composée de cent ou cent vingt dames de haute qualité, qui chaque jour, quatre à quatre, visitent et secourent jusqu'à huit ou neuf cents malades avec de la gélatine, des consommés, des confitures et toutes sortes de douceurs, en plus de la nourriture ordinaire que la maison leur fournit, pour disposer ces pauvres personnes à faire la confession générale de leur vie passée, et à procurer que ceux qui meurent partent de ce monde en bon état, et que ceux qui guérissent fassent résolution de ne plus offenser Dieu, ce qui s'accomplit avec une bénédiction particulière. »

Ce nombre s'accrut en peu d'années. Des femmes de la première noblesse, des princesses même, comme Marie de Gonzague, se firent un honneur de servir les pauvres dans le sein de cette société. La cour prise d'une noble émulation, voulut former au milieu d'elle une compagnie de charité sur le modèle de celle-là. Saint Vincent fut prié de tracer des règlements pour chacune d'elles, afin que toutes choses fussent bien ordonnées et que le même esprit animât chacun des membres.

CHAPITRE VIII

*Règlements des confréries de charité dans le monde
et à la cour.*

Aux dames de son assemblée, comme on appela désormais les personnes chargées spécialement des visites de l'Hôtel-Dieu, saint Vincent recommanda surtout trois choses :

— Faire le bien à la vue de tous pour entraîner d'autres âmes par la force de l'exemple ;

— Le faire à l'âme des malades plus qu'au corps, et le faire au corps dans le but d'arriver plus facilement à l'âme.

— Le faire avec une telle discrétion qu'il ne pût paraître un reproche aux personnes

qui, chargées de ce soin par profession, l'auraient pu négliger.

« Avant votre visite, dit-il, vous invoquerez
l'assistance de Notre-Seigneur, qui est le vrai
père des pauvres, par l'entremise de la sainte
Vierge et de saint Louis, protecteur de cette
maison.

« En entrant à l'Hôtel-Dieu, vous vous
présenterez d'abord aux religieuses et les
prierez de trouver bon que, pour participer à
leurs mérites, vous ayez la consolation de
servir les malades avec elles. Si par hasard il
s'en trouvait quelqu'une qui ne parût pas vous
voir de bon œil, vous vous garderez bien de la
contredire ou de vouloir l'emporter sur elle.
Vous honorerez toutes ces filles comme vos
mères, comme les dames de la maison et les
épouses de Jésus-Christ.

« A l'égard des pauvres, vous leur parlerez
avec beaucoup de douceur et d'humilité, et
pour ne pas contrister ces malheureux à qui
le luxe des riches fait mieux sentir le poids de
leur misère, vous ne paraîtrez devant eux
qu'avec des habits simples et modestes; et
pour les rendre attentifs à vos pieuses exhor-
tations, vous leur procurerez bien des petites

douceurs que la maison ne leur fournit pas.

« Enfin, pour ne pas blesser l'orgueil du monde et ne pas vous exposer à ses censures, vous éviterez, non seulement de faire les savantes en instruisant les malades, mais encore de paraître parler de vous-mêmes. Vous aurez toujours à la main un petit livre qu'on fera imprimer à ce dessein, et qui renfermera celles des vérités chrétiennes dont la connaissance est le plus nécessaire. »

Dieu met tant de force dans la parole des saints! Les instructions de M. Vincent furent suivies aussi ponctuellement que possible, et un grand bien en résulta. Gagnant les cœurs par leur bonté, les dames eurent peu de peine à rencontrer les consciences sur leur chemin ; les malades racontaient leurs peines pour se soulager et arrivaient souvent à montrer les plaies de leur âme. Alors ce qu'un avis direct, émanant de ceux qui ont mission, autorité de le donner, n'aurait pas fait peut-être, les insinuations douces et compatissantes contre lesquelles on n'avait pas de prévention arrivaient à le produire ; on se sentait touché et converti sans s'en être douté.

L'habitude était jusqu'alors de faire confesser et communier les malades dès leur entrée à l'Hôtel-Dieu. Prise dans d'excellentes intentions, cette mesure était parfois imprudente, souvent insuffisante. Imprudente, parce que des personnes peu disposées à changer de vie, des protestants mêmes, se confessaient et communiaient dans la crainte de n'être pas admis ou d'être bien moins traités que les autres. Insuffisante, parce que ces sacrements une fois donnés, on laissait les malades jusqu'à l'heure de la mort sans se préoccuper davantage de leur âme ; et beaucoup, à cette heure-là, n'étaient pas capables de comprendre ce qu'ils faisaient et de se repentir sincèrement.

Il arrivait souvent, selon les circonstances, que les dames n'abordaient point directement la question religieuse. Elles se bornaient à l'influence tacite de consolations et d'exemples où tout respirait la pensée de Dieu. Quand elles avaient gagné le cœur et la confiance d'un malade, elles l'instruisaient alors avec soin, lui aidaient d'une manière discrète à fouiller les replis de sa conscience, cherchaient à lui inspirer une contrition véri-

table et de durables résolutions. Mlle de Lamoignon excellait dans ces missions-là, par la
clarté et la simplicité avec lesquelles elle exposait les vérités nécessaires; par la bonté et
l'enjouement avec lesquels elle les glissait
dans l'esprit de son auditeur. Car les dames de
saint Vincent ne paraissaient rien moins que
pédantes; elles y allaient, d'après les recommandations du saint qui était leur maître,
elles y allaient avec une humilité, une simplicité admirables, présentant ce qu'elles disaient
comme des conseils amicaux et des moyens
expérimentés par elles-mêmes. « On m'a dit
à moi, disait l'une d'elles, qu'il était bon de
faire une confession générale une fois dans ma
vie afin de mieux réparer le passé, et de peur
de n'avoir pas assez le temps de me préparer
avant de mourir. — On m'a appris à m'exciter
de telle manière à la contrition. » Peu à peu
les rapprochéments se faisaient avec l'état
présent du malade, et bientôt celui-ci instruit,
éclairé et gagné, appelait le médecin de l'âme.
On fut obligé d'augmenter à l'Hôtel-Dieu le
nombre des prêtres, et aucun d'eux ne se
trouvait sans ouvrage.

Pour les dames elles-mêmes, la tâche

devint de plus en plus considérable, et deux ans après l'établissement de la compagnie, M. Vincent fut obligé de faire un nouveau règlement qui les partageait en deux classes : aux unes le service des malades ; aux autres l'instruction, la préparation à la mort. Tous les trois mois, aux Quatre-Temps, on procédait à l'élection des membres de chaque catégorie. Les dames qui sortaient de charge faisaient un rapport de leurs travaux et des moyens qui leur avaient le mieux réussi, afin de s'instruire mutuellement et d'encourager celles qui allaient prendre leur place.

Quel était le rôle des dames chargées de ces soins du corps destinés à servir de passe-port aux autres ? Les malades de l'Hôtel-Dieu avaient deux repas fournis par la maison : le dîner et le souper. Beaucoup de ceux qui ne pouvaient prendre une grande quantité de nourriture à la fois éprouvaient le besoin de quelque aliment léger le matin, ou d'un petit repas dans l'après-midi, entre les deux de l'hospice. Les dames de la Compagnie se chargèrent de ce déjeuner et de cette collation, comme aussi de procurer quelques aliments spéciaux aux malades qui ne supportaient pas la nourriture habituelle de l'hospice. On loua une maison près de l'Hôtel-Dieu, et on y établit des filles de la Charité qui préparaient, aidées souvent de plusieurs dames, tout ce qui était nécessaire. Les visiteuses le portaient ensuite dans les salles et le faisaient prendre elles-mêmes à ceux des malades qui, blessés ou infirmes, ne pouvaient se servir. Le matin, c'étaient des bouillons au lait ; l'après-midi, du pain blanc, des biscuits, des confitures, des gelées ou de la gélatine, comme on disait alors ; des fruits bienfaisants, frais dans la saison, cuits au sucre l'hiver. L'après-midi, les dames arrivaient généralement à l'Hôtel-Dieu à une heure et y restaient jusqu'à quatre. Leur première action était une courte et fervente visite au saint Sacrement pour sanctifier ce que l'on allait faire ; puis, un tablier devant elles, elles se partageaient les salles, portant l'une sa corbeille de fruits, l'autre sa coupe de confitures avec les cuillers pour faire manger les infirmes incapables de se servir ; et là, suivant les circonstances, suivant l'impulsion que leur envoyait l'Esprit saint, d'autres œuvres s'ébauchaientdans le mystère, en présence de Dieu seul.

Dans la première année seulement de cette entreprise, sept cent soixante abjurations eurent lieu, tant de Turcs blessés et pris sur mer que de luthériens et de calvinistes. La grâce de Dieu vivifiait tellement les efforts et la bonne volonté des dames que de riches bourgeois demandaient à entrer à l'Hôtel-Dieu dans leurs maladies, proposant de payer largement leurs dépenses à la seule condition d'y être traités comme les pauvres.

Incorporée dès les premiers temps à cette belle association, Madeleine de Lamoignon y déployait un zèle admirable; son amabilité et son entrain la faisaient désirer et rechercher par tous les malades. Il semblait que sa vue seule, quand elle approchait d'un lit, redonnât du courage. Les détails manquent sur le bien qu'elle put faire là en particulier à telle ou telle âme, parce que, heureuse de dissimuler humblement son mérite, elle faisait entrer autant qu'elle le pouvait, dans l'action commune, les effets de son propre zèle.

Une association analogue à celle des dames de la ville s'était formée à la cour, avons-nous dit. Peut-être serait-il intéressant, avant de clore ce chapitre, de donner aussi le règlement que saint Vincent composa pour elle.

Règlement des dames de charité à la cour. — « La compagnie des Dames de charité sera instituée pour honorer celle de Notre-Seigneur, de sa pieuse mère et des saintes femmes qui l'ont suivi, qui ont administré les choses nécessaires à sa personne, à sa compagnie, et parfois aux foules qui le suivaient et aux pauvres, en pratiquant et en assistant les compagnies de charité de l'Hôtel-Dieu, des Enfants-Trouvés, des forçats, des filles de Mlles de Pollalion et de Lestang, des pauvres filles servantes de la charité des paroisses, des filles de la Madeleine, et généralement tous les bons œuvres institués par des femmes en ce siècle.

« Elle sera composée de la personne sacrée de la reine et d'un petit nombre, certain et limité, des dames qu'il lui plaira choisir à cet effet, lesquelles seront députées tour à tour, trois à trois, pour avoir soin de chacune des dites compagnies, et en rapporteront l'état et les besoins à la dite compagnie, pour résoudre les besoins qu'elles auront trouvés, à la pluralité des voix, qui seront colligées et résolues par Sa

Majesté; et auront ces départements un an durant, au bout duquel elles en changeront au sort, et la reine aura la direction perpétuelle de la dite compagnie.

« Les dites dames s'étudieront à acquérir la perfection chrétienne et de leur condition, feront oraison mentale une demi-heure pour le moins et entendront la sainte messe, liront un chapitre de l'*Introduction à la vie dévote*, ou de l'*Amour de Dieu*, feront l'examen général chaque jour, et se confesseront et communieront au moins tous les huit jours.

« Elles s'assembleront où la reine commandera, tous les premiers vendredis du mois, et s'y entretiendront humblement et dévotement, une demi-heure durant, des choses que Notre-Seigneur leur aura données à l'oraison le matin du jour de l'assemblée, sur le sujet qui leur aura été indiqué, des vertus chrétiennes propres à leur condition.

« Rapporteront ensuite par ordre les difficultés et besoins qu'elles auront trouvés chacune dans la compagnie qui leur aura été destinée ; et Sa Majesté ayant ouï et fait opiner les dames sur ce sujet, ayant colligé les opinions de chacune d'elles, commandera ce

qu'elle trouvera pour le mieux devant Dieu;
ce qui sera écrit sur un registre et exécuté ensuite par chacune des dames dans leur dépar-
tement, lesquelles s'assembleront le 1er de
chaque mois, trois à trois, pour traiter des
mêmes affaires des compagnies qui leur auront été commises, et les résoudre; et se con-
tenteront de rapporter les principales à l'assemblée qui se fera en présence de la Reine.

« Elles auront pour maxime de ne pas
traiter là des affaires particulières ni des générales, notamment de celles de l'Etat, ni de se
servir de cette occasion pour faire leurs affaires ; elles honoreront la Reine et affectionne-
ront son service d'une affection toute particulière, et s'entre-chériront les unes les autres
comme des sœurs que Notre-Seigneur a liées
du lien de son amour, s'entre'assisteront et
consoleront en leurs maladies et afflictions,
communieront à l'intention des malades et de
celles qui décéderont, et honoreront enfin le
silence de Notre-Seigneur en toutes choses
qui regarderont la dite compagnie, pour ce
que le prince du monde se joue des choses
saintes qui se divulguent dans le monde. »

CHAPITRE IX

Fondation de saint Vincent pour les enfants trouvés. — Rôle des dames de charité et en particulier de Mmes de Lamoignon.

ES païens ne s'étaient jamais reconnu de devoirs envers l'enfance. A Sparte, on jetait dans l'Eurotas les enfants infirmes ou débiles; à Rome, le père de famille qui en avait trop s'en débarrassait sans façon; c'est encore la coutume usitée aujourd'hui dans bien des pays idolâtres, et nos missionnaires savent seuls le nombre des petits êtres qu'ils ramassent derrière les buissons de la Chine. La France était chrétienne; il y avait seize cents ans que Jésus-Christ avait appris au monde le

respect de l'enfance dans une parole à jamais mémorable; hélas! cela est vrai; mais un vent destructeur avait soufflé sur les institutions chrétiennes; les aumôneries, les maladreries étaient désorganisées; la prétendue réforme avait passé, ruinant les abbayes où tant de petits et de faibles trouvaient un asile, faisant la misère plus grande, la charité moins vive, et surtout corrompant les mœurs. Il semble que Dieu, craignant pour nous la paresse et l'orgueil, nous remette de temps en temps le même travail sur les bras. Au temps de Vincent de Paul, la misère des uns, l'inconduite des autres remplissaient les rues et les places publiques d'une foule d'enfants abandonnés; et qui les aurait parcourues vers le soir aurait pu se croire revenu aux tristes jours du paganisme. Les statistiques du temps notent cinq cents de ces pauvres petits déposés en une année au seuil des églises, à la porte des édifices publics.

Ces enfants, que devenaient-ils? Beaucoup, engourdis par le froid et la faim, rendaient à Dieu leur pauvre petite âme, sans que personne eût pu les secourir; quelques-uns survivaient et devenaient l'objet des plus honteux trafics. « On les vendait, dit un historien du xviie siècle, on les vendait vingt sous au premier venu. » Et penser que ce sont des âmes rachetées par le sang de Jésus-Christ! penser que nous ne sommes pas en Chine : nous sommes à Paris! Entre les mains de fripons habiles, les uns, grâce à quelque ressemblance fortuite ou quelque circonstance particulière, servaient à porter le trouble dans des familles honnêtes par d'indignes suppositions; ou bien des mendiants de profession se servaient d'eux pour exciter la pitié du public et ne craignaient pas, pour mieux arriver à leurs fins, de martyriser les pauvres créatures dont ils faisaient leur gagne-pain. Une femme fut condamnée par la justice pour avoir placé sur chacun des yeux d'un enfant une coquille de noix renfermant une araignée venimeuse; les paupières, rongées par l'affreux animal, présentaient ensuite un spectacle hideux à voir et devaient lui valoir des aumônes. Les cris du pauvre petit attirèrent l'attention sur lui et la femme fut punie; mais combien d'autres n'étaient pas découverts, qui disloquaient des membres délicats, faisaient endurer aux enfants et le froid et la faim pour mettre plus de vérité dans leurs larmes et dans leurs supplications.

Les remèdes qu'on avait cherché à apporter à cet état de choses étaient partiels et insuffisants ; beaucoup même s'habituaient à regarder un pareil fléau comme inhérent aux grandes agglomérations ou comme le résultat inévitable du relâchement des mœurs. Les enfants que la police pouvait ramasser elle-même et soustraire ainsi aux mendiants et aux malfaiteurs, étaient portés dans une maison qu'on appelait *la Couche*. Les soins mercenaires qu'y recevaient ces petits êtres étaient sans doute insuffisants, car la plupart y mouraient bientôt et mouraient sans baptême. Quant aux autres, faut-il le dire ? un certain nombre était encore livré pour de l'argent par les femmes de service aux bateleurs et aux gueux qui venaient les chercher.

Mais Dieu a fait pour le service des pauvres, des cœurs qui se sont d'abord formés à son service à lui : des cœurs de prêtres et de vierges, pleins de tendresse et de pitié. Un soir, Vincent de Paul, aux portes de la ville, avait arraché un pauvre petit être des mains d'un mendiant occupé à lui déformer les membres; enveloppant dans son manteau l'innocente victime, il avait traversé Paris et l'avait porté lui-même à la *Couche Saint-Landry*. Là, il fut témoin de l'insuffisance des soins intéressés que leur donnaient deux ou trois femmes seulement; son cœur bondit dans sa poitrine, et l'idée d'une fondation se présenta à son esprit. Il en parla à Mlle de Lamoignon qui, à diverses reprises, en des cas isolés, avait déjà sauvé quelques-uns de ces malheureux. Les assemblées, d'ailleurs, tenues quelque temps chez la présidente Goussault, puis chez la duchesse d'Aiguillon, se trouvaient alors fixées à l'hôtel de Lamoignon, et Madeleine en était l'âme. Elle se fait aussitôt dans son entourage l'apôtre de cette idée sublime et l'organe du saint; sa voix est si éloquente que le monde prend à cœur cette grande misère si longtemps inaperçue. Cependant les Dames de charité s'effrayent d'une tâche qui peut devenir lourde; elles désirent, avant de rien décider, avoir un mémoire qui établisse les faits dans leur réalité. Mlle de Lamoignon se charge de les satisfaire; aidée de quelques dames, elle étudie minutieusement l'organisation de la Couche, et peint ensuite avec tant de force et de chaleur les résultats déplorables de l'abandon de ces enfants « plus malheureux que les petits innocents massacrés par Hérode », que la lecture de son mémoire arrache des larmes à ceux qui l'entendent. Avant de se séparer, les Dames de charité décident, sous la direction de Vincent de Paul, la création de l'œuvre des Enfants-Trouvés.

Voici les principaux noms que l'on trouve à l'origine de la fondation des Enfants-Trouvés :

Louise de Marillac, veuve de M. Legras;

La présidente Goussault;

Mme de Villesavin, veuve; celle qui était si complimenteuse qu'on l'appelait la servante très humble du genre humain;

Mmes de Bailleul, de Mecq;

Marie Dalibray, veuve de M. de Sainctot, à qui Voiture a dédié sa traduction du *Roland furieux ;*

Marie de Limagne de Pollalion, fondatrice des Filles de la Providence, des Nouvelles-Catholiques et de l'hôpital de la Santé;

Mmes de Beaufort, Lamy;

Marie de Maupeou, veuve de François Fouquet, vicomte de Vaux, mère du surintendant;

Madeleine de Castille de Villemareuil, femme du surintendant Nicolas Fouquet, belle-fille de la précédente;

Anne Martinozzi, princesse de Conti, nièce de Mazarin;

Marie de Gonzague, plus tard reine de Pologne ;

Mlle Marie Delpech de Lestang, fondatrice des Filles de Saint-Joseph ;

Anne Peteau, veuve de L. Régnault, seigneur de Traversay, fondatrice des Filles de la Conception et de la Croix ;

Marie de Combalet, duchesse d'Aiguillon, nièce de Richelieu ;

Les duchesses de Nemours, du Perche, de Lesdiguières ;

Louise Boyer, duchesse de Noailles ;

Marie de Gondi, marquise de Maignelay ;

Elisabeth d'Aligre, femme du chancelier ;

La présidente de Lamoignon et ses deux filles ;

Marie Bonneau de Rubelle, veuve de M. de Miramion ;

Catherine Pepin, veuve de François de Pingré, seigneur de Forinvillers ;

La veuve du marquis de Sénecé, née de la Rochefoucauld ;

Mmes de Bragelonne, de Soucarrière ;

La présidente de Herse, la comtesse Loménie de Brienne ;

Mlle Robineau, baronne de Neuvillette ;

Marie Lhuillier, dame de Villeneuve ;

Claude de Sève, dame Tronson.

Mme Leschassier, née Miron, et sa fille ;

Mmes de la Rochejacquelein, de Bouteville, de Treuille, de l'Esturgeon.

Après vingt ans d'attente et de prières, Louis XIII venait enfin d'avoir un héritier qui devait s'appeler Louis XIV. Anne d'Autricne, en exécution d'un vœu, allait achever le beau temple du Val-de-Grâce, dédié à Jésus dans sa crèche : *Jesu nascenti Virginique matri ;* le moment était favorable pour parler au roi de l'œuvre projetée ; il y vit en effet un bienfait pour l'Etat autant qu'un honneur pour la religion. Il assura une rente de douze mille livres sur la ferme des gabelles. D'autres offrandes arrivèrent. Le saint mit en campagne ses dames pour trouver des ressources, lui-même pour recueillir les enfants, et il portait à Mlle Legras et à ses filles tous ceux qu'il pouvait découvrir.

Qui ne connaît ces statues représentant saint Vincent de Paul avec un enfant serré contre son cœur, dans les replis de son manteau ? Ce n'est point là une allégorie ; ce fut une réalité. Transi de froid, au milieu de la nuit, il arriva plus d'une fois ainsi, apportant l'enfant qu'on avait jeté à la faveur des ténèbres, et qu'il avait ramassé contre la borne de la rue. Il arrachait également à *la Couche* tout ceux qu'il en pouvait arracher, pour les remettre aux soins vigilants et pleins de foi de ses filles de la Charité. Hélas ! celui qui recueillait les enfants allait plus vite en besogne que les pauvres dames qui cherchaient les ressources ; malgré tout leur zèle et toûte leur bonne volonté, lorsque, après un an de cet essai, on réunit un conseil extraordinaire pour établir les comptes et juger de la situation, on s'aperçut que les fonds à ce destinés étaient dépassés de quarante mille livres.

— C'est une œuvre impossible à continuer, s'écrièrent presque toutes les voix ; il y faut renoncer, pour le moment du moins.

— Mon Dieu, dit saint Vincent de Paul, c'est de vos enfants qu'il s'agit ; défendez vous-même, vos intérêts. Et son cœur jette aux dames présentes cet appel si connu, tout vibrant d'énergie et de charité :

« Or sus, Mesdames, la compassion et la charité vous ont fait adopter ces petites créatures pour vos enfants ; vous êtes leurs mères selon la grâce, depuis que leurs mères selon la nature les ont abandonnées. Voyez maintenant si vous voulez les abandonner aussi. Cessez d'être leurs mères pour devenir un moment leurs juges. Leur vie et leur mort sont entre vos mains. Je m'en vais prendre les voix et les suffrages. Il est temps de prononcer leur arrêt et de savoir si vous ne voulez plus avoir de miséricorde pour eux. Ils vivront si vous continuez d'en prendre un charitable soin; ils périront infailliblement au contraire si vous les abandonnez ; l'expérience ne nous permet pas d'en douter. »

— On a conservé le texte du canevas préparé par saint Vincent pour son discours dans l'assemblée générale des Dames de charité.

Je vous parlai dernièrement succinctement de vos enfants trouvés, pour ce que nous avions plusieurs autres affaires à traiter, et qu'il semblait que les offrandes pourraient suffire à leurs besoins sans en parler à la compagnie ; et pour ce que l'expérience a fait voir que non, nous vous en parlerons aujourd'hui ; et je vous dirai qu'ils sont en grande nécessité et qu'il ne reste plus que pour les nourrir six semaines, et qu'il est nécessaire d'aviser aux moyens de pourvoir à leurs besoins :

1º Pour ce qu'ils sont en nécessité extrême et qu'en ce cas vous êtes obligées d'y pourvoir — *non pavisti, occidisti*, — l'on peut tuer un pauvre enfant en deux façons : ou par mort violente, ou en lui refusant la nourriture ;

2º Pour ce que Notre-Seigneur vous a appelées pour être leurs mères ; et voici l'ordre qu'il a tenu : vous avez fait diverses assemblées à cet effet — vous en avez fait de grandes prières à Dieu — vous en avez pris conseils de personnes sages — vous en avez fait un essai — vous l'avez enfin résolu, et voici les motifs qui vous y ont portées :

1º Qu'on était informé que ces petites créatures étaient mal assistées, une nourrice pour quatre ou cinq enfants ;

2º Qu'on les vendait à des gueux, huit sols la pièce, qui leur rompaient bras et jambes pour exciter le monde à pitié et leur donner l'aumône, et les laissaient mourir de faim ;

3º Que des femmes qui n'avaient point d'enfants de leurs maris en prenaient par intérêt et les supposaient comme les leurs, et en effet nous en avons trouvé trois ou quatre dans ces conditions ;

4º Qu'on leur donnait des pilules de laudanum pour les faire dormir, qui est un poison ; que tout cela est arrivé ;

5º Qu'il ne s'en trouve pas un seul en vie depuis cinquante ans, si ce n'est que depuis peu il s'est trouvé que quelqu'un des supposés a résisté ;

Et enfin, qui était le comble de tous ces maux, c'est que plusieurs mouraient sans être baptisés.

Voilà les motifs qui vous émurent à vous en charger ; la Providence vous a donc faites mères adoptives de ces enfants. Notez *mères adoptives*, c'est donc un lien que vous avez contracté avec eux, de sorte que ces pauvres enfants étant abandonnés de vous, il faut nécessairement qu'ils meurent. Qui les empêchera ? La police publique ne l'a pu jusqu'à maintenant. Si vous ne le pouvez, qui le fera ? Certes, personne, et selon cela, Mesdames, vous êtes obligées de les assister en deux sortes, en conscience : 1º comme nécessité ; 2º comme vous étant leurs mères.

MOYENS

1º Prier Dieu pour cela ;

2º Communier une fois à cette intention ;

3º En parler à vos parents et amis ;

4º Aux prédicateurs par MM. les curés ;

5º Enfin prendre résolution si on les doit quitter, ou si on se doit efforcer, et faire un effort pour cette année.

OBJECTIONS

1º La nécessité du temps qui appauvrit un chacun de sorte que on ne peut que vivoter simplement. Je réponds seulement, Mesdames, que vous n'en serez pas incommodées. *Qui miseretur pauperis numquam indigebit, feneratur duo qui miseretur pauperis.* Vous êtes cent. Quand chacune s'efforcerait de cent livres, c'est plus qu'il ne faut. Si cinquante le faisaient, et les autres, de quelque chose, cela suffirait avec ce qu'on aurait d'ailleurs.

2º Je n'ai point d'argent. Hélas ! combien de nigoteries a-t-on au logis qui ne servent de rien ! O Mesdames, que nous sommes éloignées de la piété des enfants d'Israël dont les femmes donnaient leurs joyaux pour faire un veau d'or ! Une dame, dans ces jours passés, a vendu tous ses joyaux pour nourrir un homme — cinq ou six dames...

3º Cette pauvreté accablera la Compagnie, et puis cela sera à l'infini, chacun y exposera ses enfants. A cela on répond que non, après aussi bien qu'à présent ; il y a deux affaires d'importance sur le bureau qui nous délivreront de ce malheur.

CONCLUSION

1º Si vous les abandonnez, que dira Dieu qui vous a appelées à cela ?

2º Que diront le roi et les magistrats qui, par lettres

patentes vérifiées, vous attribuent le soin de ces pauvres enfants ?

2º Que dira le public qui a fait des acclamations de bénédictions de voir le soin que vous en prenez ?

4º Que diront ces petites créatures ? Hélas ! nos chères mères, vous nous abandonnez ! Que nos propres mères nous aient abandonnés, passe : elles sont mauvaises ; mais que vous le fassiez, vous qui êtes bonnes, c'est autant à dire que Dieu nous a abandonnés, et qu'il n'est pas notre Dieu.

Au milieu des larmes presque générales, Mme de Lamoignon et ses filles donnèrent encore le signal de la confiance en la Providence, comme elles l'avaient donné déjà au commencement de l'œuvre ; chacune des autres dames s'engagea, à leur exemple, à continuer de chercher des ressources, dût-on ne les trouver qu'à force de peines, de privations et par les plus héroïques moyens. Leur confiance ne fut pas trompée. Louis XIII donna d'abord le château de Bicêtre pour y loger les enfants trouvés ; on les transporta ensuite dans une maison plus saine du faubourg Saint-Lazare. Douze filles de la Charité étaient commises à leur garde et à leur éducation, et des nourrices de la campagne appelées pour ceux qu'on ne pouvait encore sevrer. Les bases de l'œuvre étaient jetées, et elle ne devait plus périr. Louis XIV poursuivit l'idée de saint Vincent et fit bâtir exprès l'hôpital des Enfants-Trouvés.

C'était une grande charge qu'avaient assumée les dames, et plus d'une fois encore, de nouvelles difficultés surgirent. Le 15 novembre 1649, Mlle Legras écrit à Madeleine de Lamoignon pour la prier de bien veiller à ce que chaque dame quête dans son quartier ; et à M. Vincent, presque en même temps : « Cela est pitoyable que ces dames se mettent si peu en peine ; croient-elles que nous avons de quoi faire subsister l'œuvre ? ou nous veulent-elles contraindre à la quitter ? » — En décembre 1649 : « Le blé manque, et il n'y a pas d'argent pour en acheter ; faut-il en emprunter ? Il n'y a pas de linge ; douze ou quinze enfants sont sans vêtements. Plusieurs, tout petits, refusent le biberon, et on n'a pas assez d'argent pour les mettre en nourrice. Les dettes grossissent au point qu'on se demande si on pourra les payer ». Encore une fois, dans le même mois de décembre 1649, elle lui dit de conseiller aux dames de quêter à la cour. Elle-même va trouver la princesse de Condé et invoque la pitié du chancelier Séguier; mais quand elle prend un intermédiaire, c'est toujours à Mlle de Lamoignon qu'elle écrit, comme pouvant s'appuyer davantage sur son intelligence des besoins pressants, sur son zèle, son influence, et comme voyant en elle le centre où doivent converger les aumónes.

CHAPITRE X

Œuvre de la Lorraine.
Blocus de Paris pendant la Fronde.

On ne pourrait croire, si on n'en découvrait les preuves, jusqu'où s'étendit la charité personnelle de Mlle de Lamoignon, et celle des dames de charité qui formaient avec elle le groupe serré autour de saint Vincent. Cette charité ne connut ni bornes ni obstacles ; elle s'étendit à la France entière et plus loin que la France ; elle multiplia les ressources d'une manière qu'on pourrait appeler prodigieuse, car, aux misères physiques et morales inhérentes de tout temps à la pauvre humanité, se joignit la désolation causée par de nombreuses guerres ; et, par un miracle du ciel, cette charité inépuisable sut panser toutes ces plaies.

La guerre de Trente-Ans poursuivait son cours, plaçant tour à tour devant la trop puissante maison d'Autriche-Espagne les bataillons de toutes les contrées de l'Europe. Après avoir fourni des subsides à la Suède, la France venait d'entrer elle-même dans la lice. En 1635, malgré les victoires de Châtillon et de Brézé dans les Pays-Bas, les Impériaux avaient envahi la Bourgogne ; les Espagnols, la Picardie ; et la Lorraine, foulée d'abord par les soldats de toutes armes, devient elle-même théâtre d'invasion. Trois armées la dévastent à la fois, car les Impériaux qui la défendent ne lui font pas moins de mal que les Français et les Suédois qui l'attaquent. La famine et la peste, suites naturelles des guerres, se joignent aux horreurs du carnage. Le brigandage des uns, l'intolérance religieuse des autres, ajoutent encore aux maux de la province ; l'excès de sa misère devient affreux et lui fait payer cher l'honneur d'être rendue française. On fit cuire et on mangea des cadavres humains ; on tua des nouveau-nés pour s'en repaître ; des religieux mouraient de faim dans les cloîtres.

Pendant dix ans, Vincent de Paul trouva moyen de nourrir la Lorraine, ou du moins de pallier les maux qu'elle souffrait. Ce qu'il envoya de vivres et d'argent à cette malheureuse province étonne l'imagination. Il avait réuni d'abord les dames de son assemblée, excité leur pitié par la peinture de ces souffrances, et les avait mises en campagne avec mission de chercher des secours. Lui-même recourt à la duchesse d'Aiguillon, sa trésorière accoutumée ; à la reine Anne d'Autriche, l'exhortant à oublier en cette circonstance son caractère de reine pour se souvenir seulement de son titre de chrétienne ; au roi lui-même, l'engageant à guérir les plaies que faisait sa politique. Mais au premier rang des dames de charité qui, de leur côté, travaillaient à la même œuvre, il faut placer celle qu'il appelait « son bras droit », Madeleine de Lamoignon. Ce qu'elle déploya de persuasion et de zèle en cette occurrence pour quêter des secours ne se peut dire. Elle se multiplie, court d'une extrémité de Paris à l'autre pour rappeler à celui-ci une promesse, faire connaître à celui-là un détail nouveau et navrant ; elle-même et sa mère se privent pour jeter davantage dans le trésor commun.

La concentration et la distribution de ces secours étaient organisées avec une régularité admirable, afin que la moindre parcelle n'en fût perdue ni employée mal à propos. Saint Vincent, malgré sa sainteté, sa charité, sa prudence, ou plutôt à cause de ces vertus, ne disposait de rien avant de s'être entendu avec les dames de l'assemblée. Là seulement, discutant les plus pressantes nécessités, on votait et on contrôlait le budget de la charité. Vingt-cinq villes et de nombreux villages et couvents furent secourus ainsi pendant dix ans. Plus de quatorze mille aunes de draperie furent envoyées pour couvrir des nécessiteux demi-nus, parmi lesquels se trouvaient également des hommes du peuple, des bourgeois, des prêtres, des religieux et des religieuses.

Mais la guerre traîne après elle un cortège de misères morales aussi grand et plus triste que celui des misères physiques. Le bon frère

Mathieu Renard, émissaire dévoué de saint Vincent qui, pendant les dix années dont nous parlons, fit cinquante-trois voyages en Lorraine, chargé chaque fois de vingt à trente mille livres réunies par le saint ou les dames, raconta au retour d'un de ces voyages le danger que couraient un grand nombre de jeunes filles exposées à la brutalité des soldats ou aux tentations de la faim. Quelques-unes, fuyant devant des hommes de guerre pour sauver leur honneur, s'étaient jetées dans des marais d'où on ne les avait retirées que les jambes gelées. Les dames décidèrent dans l'assemblée d'en faire venir un certain nombre à Paris. Cent soixante furent amenées à diverses reprises, ainsi que quelques jeunes garçons que la guerre avait faits orphelins. Saint Vincent se charge de ces derniers, les nourrit à Saint-Lazare, confie les jeunes filles à Mlle Legras qui les soigne, les entretient quelque temps, les dresse à divers travaux et les place ensuite selon leur condition, aidée en cela par Mlle de Lamoignon. C'était, ont dit les historiens, comme une émigration de la Lorraine à Paris.

Un jour, en 1649, M. de Lamoignon fait

amener de Basville une provision de blé assez considérable, et ce n'est point pour la vendre; après avoir pénétré dans Paris avec peine, ses fermiers ont ordre de tout apporter dans sa maison. Est-ce donc que les ennemis marchent sur la capitale? La paix n'est-elle pas signée? Hélas! la guerre civile a ses horreurs aussi. Cette Fronde, qui ne paraissait rien, causait cependant bien du mal; les troupes de la régente commençaient à envelopper Paris; quelques heures encore, et la ville serait cernée. En effet, vingt-cinq mille hommes de troupes royales forment bientôt le blocus autour d'elle. Les Frondeurs lèvent une armée, et toutes les portes de la ville sont confiées à des milices bourgeoises, exercées et formées par les princes. Anne d'Autriche, retirée à Saint-Germain avec le jeune roi, pensait ne réduire Paris qu'en affamant ses habitants. « Deux ou trois jours sans que le pain de Gonesse arrive sur le marché, lui disaient ceux qui la conseillaient, et les Parisiens se rendront. » Hélas! ces deux ou trois jours durèrent des mois, à deux reprises différentes. Que de misères pendant ce blocus! Les riches avaient peine à vivre : qu'en était-il des pauvres! La nécessité générale faisait naître l'égoïsme; ceux qui avaient eu la précaution d'amasser quelques provisions, voyant la cherté des vivres, refusaient de les partager. Pendant quelques jours, les dames de Lamoignon, chapitrées par leur fils et leur frère, conservèrent les provisions que la prudence faisait un devoir de ménager, mais cela dura peu. Voir souffrir autour d'elles leur parut plus insupportable qu'être incertaines de l'avenir; elles eurent honte de leur prévoyance et firent distribuer aux pauvres en un jour leur subsistance d'une année.

Guidées par saint Vincent et de concert avec les autres dames, elles organisèrent dans plusieurs paroisses des marmites charitables où recouraient les affamés. Saint Vincent s'était chargé spécialement des quartiers Saint-Denis et Saint-Laurent; et, à sa maison de Saint-Lazare, on distribuait à midi la soupe à tous ceux qui se présentaient : le nombre arriva à deux mille.

Mais voici que les dames, livrées à elles-mêmes, doivent suivre seules l'impulsion qui leur a été donnée, leur guide ayant quitté momentanément Paris. Comment l'apôtre de la charité désertait-il son poste? Hélas! il avait voulu justement faire entendre la voix de la vraie charité. Traversant au péril de sa vie les avant-postes et les eaux débordées de la Seine, il était allé représenter à la reine les souffrances du peuple et lui avait demandé de sacrifier le ministre, objet de la guerre civile. Il avait fait mieux; il avait osé conseiller à Mazarin lui-même de se retirer plutôt que de laisser mourir des milliers de personnes à cause de lui. « Monseigneur, lui avait-il dit, jetez-vous à la mer pour calmer l'orage. » Ces démarches n'avaient pas abouti. En disgrâce à la cour, suspect également aux frondeurs parce qu'il prêchait la concorde et la paix, Vincent n'avait pu ni rester à Saint-Germain ni rentrer à Paris, et il était allé visiter les maisons de sa Compagnie. Celle qu'il appelait son bras droit le remplaça autant qu'il lui fut possible dans l'organisation des secours des diverses paroisses, dans l'union à entretenir parmi les dames; elle ne put empêcher, hélas! qu'une troupe de frondeurs ne pillât Saint-Lazare, et que des bandes de l'armée royale ne dévastassent la ferme d'Orsigny, près Versailles, principale ressource de la

Congrégation. C'est ainsi que les deux ex-
trêmes s'unissent pour tomber sur celui qui
suit le chemin du juste milieu, celui de la
vertu.

Bientôt cependant, rappelé par la reine à
Paris, le saint y rentre, malade de ses voyages
et de ses privations, et non seulement il
reprend son rôle de nourricier du peuple,
mais il a vu que de Dieu seul peut venir l'apai-
sement des esprits; il organise des prières,
conseille des pénitences, envoie les dames de
charité porter tour à tour leurs supplications
dans les sanctuaires des saints patrons de
Paris et de la France, combine une ligue de
prières et d'austérités dans les couvents, demande les mêmes mesures aux évêques de
France, intéresse le Saint-Père lui-même à la
cause de la paix, et ne cesse ses instances
auprès de Dieu, ses remontrances auprès des
hommes, que lorsqu'elle est enfin conclue.

CHAPITRE XI

Secours aux pays environnants désolés par la Fronde.
Madeleine et son frère.

Ès que le blocus fut levé et que les yeux des personnes charitables purent se porter sur un plus vaste champ, ils ne firent qu'y découvrir de nouvelles misères. Les environs de Paris, théâtre des combats de la Fronde : Villeneuve-Saint-Georges, Montgeron, Etioles, le Bour-get, Essonne, Etampes, Juvisy, Gonesse, Lagny, Savigny, Palaiseau, présentaient un aspect désolé. A mesure que les troupes se retiraient de chacun de ces lieux, les milices de la charité venaient prendre leur place, se-courant les malades, ramassant dans les granges et sur le bord des routes les malheureux à demi morts de faim. Les uns avaient vécu d'eau et d'herbes; d'autres, de racines; d'autres avaient coupé et pilé des semelles de souliers. D'innombrables maladies étaient nées de cet état de choses; on voyait de pauvres gens à demi nus, le corps rongé tout vivant par les vers, n'ayant même plus la force de remuer.

« La misère du peuple, dit l'historien Laporte, était épouvantable, et dans tous les lieux où la cour passait, les pauvres gens s'y jetaient, pensant y être en sûreté, parce que l'armée désolait la campagne. Ils y amenaient leurs bestiaux qui mouraient de faim aussitôt, n'osant sortir pour les mener paître. Quand leurs bestiaux étaient morts, ils mouraient eux-mêmes incontinent après. Ils n'avaient de couvert contre les grandes chaleurs du jour et les fraîcheurs de la nuit que le dessous des auvents, des charrettes et des chariots qui étaient dans les rues. Quand les mères étaient mortes, les enfants ne tardaient pas à mourir, et j'ai vu, sur le pont de Melun, trois enfants sur leur mère morte, l'un desquels la tétait encore. »

Aux environs de Chartres, c'était par centaines qu'on trouvait les personnes mortes de faim ; on avait déterré des ossements pour les sucer ; on assassinait pour un morceau de pain. Dans le Berri, on dévorait tout crus les vers et les limaces. On écrivait du Mans : « Les aumônes de M. Vincent attirent beaucoup de pauvres ; dix-huit mille s'acheminent par les routes pour aller demander des secours. »

Que de zèle il fallut déployer pour apporter à ces maux quelques soulagements ! Mlle de Lamoignon se multiplia ; les anges chargés de compter ses pas et ses fatigues ne durent pas être sans ouvrage tout le temps que dura ce triste état de choses, car elle était sans cesse en courses pour secourir les malheureux ou pour aller frapper à la porte des riches qui pouvaient donner et qui ne faisaient point partie de la confrérie de charité. Souvent il lui arriva de donner son linge, et ses vêtements. Quand les armoires étaient vides, elle prétendait que son linge appartenant aussi bien aux pauvres qu'à elle-même, elle n'en avait fait qu'un très raisonnable emploi. Ses filles de chambre, usant de ruses, cachaient ce qu'elles avaient confectionné et préparé, se

réservant de ne le sortir qu'au moment où on
en aurait besoin et laissant les armoires
vides. Mais les saints ne s'embarrassent pas
pour si peu, et Madeleine était à bonne école.
Rencontrait-elle ces jours-là quelque pauvre
fille mal vêtue ou quelque pauvre mère de
famille dont l'enfant grelottait, elle se retirait
sous un porche, dans une ruelle écartée, ou se
réfugiait dans quelque échoppe abandonnée;
là, elle se dépouillait, selon le cas, d'un jupon,
d'une coiffe, les donnait tout heureuse, et
rentra même plus d'une fois pieds nus à la
maison.

Saint Vincent avait admirablement réorga-
nisé les secours temporels et spirituels; des
hôpitaux, des marmites furent installés sur
divers points. Conformément à ce qu'on avait
décidé pour les paroisses de Paris, il fit établir des magasins chez les curés des lieux les
plus éprouvés; on portait là le linge, les habits, les vivres qu'on pouvait réunir, des instruments de travail et jusqu'à des pics et des
houes pour enterrer les morts.

Quand, à Paris ou ailleurs, les magasins de
paroisses ne suffisaient pas, quelques dames
s'ingéniaient pour en créer de plus commodes.

C'est ainsi que Mme de Bretonvilliers donna, pour servir de magasin central, sa maison de la pointe de l'île. Un autre magasin central fut fondé à l'hôtel Mandosse, près l'hôtel de Bourgogne. Une assistance aussi étendue ne coûtait pas moins de douze à treize mille livres par an. Remarquons que cette somme en représente aujourd'hui une beaucoup plus forte et qu'il n'y avait rien d'officiel dans tout cela. Tout découlait de la seule charité privée; mais, sœur de la foi qui transporte des montagnes, cette charité-là faisait couler des fleuves.

Les cœurs dévoués eux-mêmes étaient dans l'étonnement. Le 6 avril 1649, Mlle Legras écrit à la sœur Jeanne Lepeintre : « Vous ne sauriez croire les aumônes qui se font dans Paris. » En juillet de la même année, à la sœur Hardemont : « Il semble que ces dames aient plus de soins de chercher du blé pour les pauvres que pour elles-mêmes. » En effet, les riches alors manquèrent souvent de pain. Il monta jusqu'à vingt-quatre sous la livre, et la valeur de l'argent en ce temps-là n'est pas à comparer avec ce qu'elle est aujourd'hui. Le tronc du magasin central, sans cesse vidé, se remplissait presque aussitôt. Un tonneau de sel, qui était installé dans ce magasin, avait une contenance d'une dizaine de boisseaux. Chose étrange ! après qu'on en eut retiré cent vingt, il se trouvait encore plein. Saint Vincent racontait naïvement la chose sans s'étonner de la merveille. — « Il y a, disait-il, un tonneau dans le magasin général où l'on met le sel, qui ne vide jamais, encore qu'on en tire tous les jours pour envoyer aux champs, comme on fait de tout le reste. »

Pendant toute cette période où Madeleine déploya tant d'activité, de vives inquiétudes déchiraient pourtant son cœur, car l'amour qu'elle porta toujours à sa famille ne fut jamais amoindri par ses œuvres de charité.

La Fronde, dénaturée ensuite par l'ambition des seigneurs, fut dans l'origine, on le sait, une résistance du Parlement contre Mazarin. Or, M. de Lamoignon était maître des requêtes au Parlement, et cependant tout dévoué au roi et la reine. Quelle situation délicate ! Les différentes manières de voir des membres du Parlement eux-mêmes, les barricades de la rue, les combats sans cesse renaissants, les convois de vivres attaqués, défendus, étaient autant d'occasions de dangers et de craintes. Heureusement le premier président était alors Mathieu Molé, homme énergique, d'une haute vertu. Tout en cherchant à concilier les partis, il sut résister à ce qui lui parut plutôt des exigences que des droits. Quand la reine, retirée à Saint-Germain, fit ordonner au Parlement de se transporter à Montargis, Molé fit répondre qu'il était président du Parlement de Paris, non de celui de Montargis.

Mais les risques particuliers n'en restaient pas moins nombreux. Guillaume de Lamoignon, capitaine de la milice bourgeoise, fut souvent obligé de marcher à la tête des troupes de son quartier. En sa qualité de maître des requêtes, il eût dû, en principe, être dispensé de la police de la ville. « Cependant, avaient dit quelques-uns, comme en certaines guerres tout homme est soldat, ainsi dans certaines calamités, tout magistrat est juge public. » On le chargeait donc souvent de surveiller dans les marchés les distributions de pain ou d'autres vivres. Dans l'extrémité où l'on se trouvait, il fallait que tout fût réparti sagement pour que les uns ne manquassent pas du nécessaire quand d'autres auraient accaparé. Mesure difficile quand les esprits sont aigris, que chacun souffre et devient impitoyable pour les autres!

Guillaume était du reste un zélé serviteur de la reine, et tout en se prêtant aux différentes fonctions qui pouvaient maintenir l'ordre dans la ville assiégée, il ne négligeait aucune occasion de soutenir son autorité, et savait résister courageusement à ceux qui l'attaquaient. Ce fut lui qui, lorsque le prince de Condé voulut pénétrer dans Paris, lui refusa l'entrée des deux portes de Saint-Denis et de la Conférence, quelques heures avant cet instant mémorable où la grande Mademoiselle facilita à ses troupes l'entrée de la porte Saint-Antoine. Ce fut encore Guillaume de Lamoignon qui, de concert avec Pierre Lenet, proposa de députer au roi l'assemblée des colonels comme venant, de la part des bourgeois, le prier de rentrer dans sa capitale. C'étaient là de périlleuses et délicates fonctions dans un moment où Condé, disait-on, n'avait plus qu'à se faire sacrer à Reims, où celui qui déplaisait à un parti pouvait trouver facilement la mort. Descendant de magistrats aussi fermes que loyaux, Guillaume ne crai-

gnait qu'une chose sur terre : c'était de manquer à son devoir; mais il n'en était pas de
même de Madeleine qui l'aimait tendrement.
Souvent elle trembla pour sa vie; elle le suivit de loin plusieurs fois quand il allait apaiser
des émeutes populaires, et lorsque cela ne lui
était pas possible, elle l'accompagnait du
moins de sa pensée, de ses prières.

Un jour, pendant un des blocus de Paris,
le roi avait permis qu'on laissât entrer du
pain dans la ville. Quelques esprits mauvais
firent courir le bruit que ce pain était empoi-
sonné. Il n'en fallait pas tant pour exciter la
fureur de la foule; on se rassemble, on
s'attroupe aussitôt; des cris d'indignation se
répondent d'un groupe à l'autre. M. de
Lamoignon, averti, se rend sur le marché,
parle au peuple avec ce sang-froid et cette
gravité aimable qui lui attiraient le respect;
il fait entendre raison aux têtes les plus
échauffées, annonce qu'il va goûter un des
pains choisi par eux-mêmes, afin de leur
enlever toute crainte, et aperçoit tout à coup
sa sœur qui se trouve à ses côtés et goûte aussi
le pain ; elle avait pressé le pas pour le rejoindre, craignant quelque accident pour lui.

CHAPITRE XII

Mort de Mme de Lamoignon.
Les premières ventes de charité. — Difficultés de famille.

IEU a de singulières manières de
récompenser les siens, ou du
moins ces manières paraissent
telles à notre vue bornée, et elles
sont le fait de Celui qui, nous réservant les
trésors éternels, attache peu de prix aux joies
de cette terre. Au milieu des soins charitables
que nécessitait cette époque terrible, il appela
à lui Mme de Lamoignon. Pour la présidente,
c'était la couronne céleste, l'entrée dans la
patrie, l'union à ce Dieu qu'avait aimé son
âme; pour Madeleine, c'était l'isolement du

cœur, car elle avait toujours été jusque-là la compagne assidue de sa mère dans les œuvres de charité, elle avait eu en elle une véritable amie.

Ce fut le 31 décembre 1651 qu'une courte maladie, due sans doute à l'excès des fatigues, aux refroidissements successifs qu'amenaient de nombreuses démarches, emporta la présidente.

Elle laissait un testament dans lequel elle priait que l'on portât son corps aux Récollets de Saint-Denis. Là en effet était enterré son père; là se trouvait le cœur de son mari, le cœur seulement, car la famille de Lamoignon ayant toujours eu sa sépulture aux Cordeliers de Paris, c'est en ce dernier endroit qu'on avait déposé le corps du président. On se proposait d'exécuter les dernières volontés de Mme de Lamoignon. L'hôtel de Lamoignon, autrefois dans la cour du palais, se trouvait alors rue Aubry-le-Boucher; il faisait donc partie de la paroisse Saint-Leu. On porta le corps à Saint-Leu pour y chanter, comme on le devait, l'office des morts, et le convoi devait continuer ensuite sa route jusqu'à Saint-Denis. Une émeute d'un nouveau genre se produisit en pleine Fronde, où des chaises, des trépieds et des portes d'église furent tout étonnés de servir de barricades.

Quand le cortège voulut sortir, une foule immense de pauvres s'étaient rassemblés, soit à l'intérieur de l'église, soit au dehors, devant la porte; ils déclarèrent que le corps de la mère des pauvres leur appartenait et qu'on ne l'emporterait pas plus loin. Les bourgeois qui passaient, instruits des causes de cet attroupement, soutinrent les premiers arrivés et firent, au nom de la paroisse et du quartier, la même revendication. Les employés de l'église, bedeaux et sacristains, voulurent passer outre et faire reculer de force la foule pressée et serrée; mais les bourgeois allèrent chercher leurs armes et, au dehors, l'église fut bientôt gardée à main armée. Au dedans, M. de Lamoignon se trouvait dans une étrange perplexité: enfreindre les dernières volontés de sa mère lui paraissait regrettable; mais user de violence contre ces pauvres qu'elle avait tant aimés, qui montraient aujourd'hui tant de cœur, lui répugnait aussi. Pendant qu'il réfléchissait et priait, incertain de ce qu'il devait faire, les pauvres ne perdaient pas de temps; ils obtenaient l'autorisation du clergé et descendaient eux-mêmes dans le caveau le corps de leur bienfaitrice. M. de Lamoignon était accompagné de son ami M. Bignon en qui il avait grande confiance. Celui-ci jugea que la manifestation de pareils sentiments demandait bien quelque condescendance; il conseilla de laisser faire. On se retira donc. Au bout de quelques jours seulement, Guillaume de Lamoignon demanda qu'on fît extraire le cœur de sa mère, le fit transférer aux Cordeliers où était le mari de celle-ci, et témoigna le désir qu'après sa mort on apporta son propre cœur auprès de sa mère, en témoignage de la vénération qu'il avait toujours eue pour elle.

Un tombeau de marbre blanc fut élevé à la mémoire de Mme de Lamoignon. Sur un piédestal de jaspe en forme de pyramide, on voit deux anges; l'un soutient d'une main le portrait de la défunte et essuie de l'autre les larmes qui coulent de ses yeux; le second montre le ciel et déploie ses ailes comme pour s'envoler. Des bas-reliefs occupent trois faces du piédestal; ils représentent une multitude de pauvres; les uns pleurent en montrant leur misère;

d'autres enlèvent le corps, d'autres creusent une fosse. Le quatrième côté est couvert par une épitaphe dont voici la traduction :

A la gloire de Dieu tout-puissant
et à la mémoire de Marie des Landes,
épouse de Chrétien de Lamoignon, Président à mortier,
femme d'un rare exemple de religion, modestie, fidélité à son époux,
tendresse pour ses enfants, libéralité pour les pauvres.
Guillaume de Lamoignon, premier Président du Parlement, son fils,
a fait ériger ce monument à sa bonne et illustre mère.
Elle était née le 28 septembre 1576
et elle est décédée le 31 décembre 1651.
Son tombeau était désigné pour un autre lieu, mais les pauvres
l'ont enterrée ici.

Ajoutons tout de suite qu'après la mort de Guillaume de Lamoignon, son cœur fut apporté, selon son ordre, dans ce même lieu et y fut inhumé le 20 décembre 1677.

La perte de Mme de Lamoignon causa une affliction immense, non seulement à sa famille et à ses pauvres, mais à tous ceux qui l'avaient approchée. Mlle Legras, écrivant à sœur Cécile Angibout qui se trouvait à Angers, lui dit : « Dieu nous a retiré notre bonne présidente pour récompenser sa simplicité sainte, son humilité parfaite et sa grande charité. Ainsi, après avoir prié pour elle, comme l'Eglise nous l'ordonne, prions-la aussi de nous obtenir ces trois vertus. » Quelques jours après, le 7 janvier 1652, elle écrit à une autre sœur nommée Julienne Loret, et lui raconte l'incident des funérailles. « Les pauvres de la paroisse Saint-Leu se sont opposés à main armée à ce qu'on leur enlevât la dépouille mortelle de *leur mère* pour la confier, selon le désir de celle-ci, aux Récollets de Saint-Denis ; ils l'ont enfermée dans le caveau de leur église, d'où son fils, M. de Lamoignon, en transigeant avec eux, ne put emporter que son cœur. Quel témoignage éclatant rendu à ses vertus ! »

Cette amie dévouée des dames de Lamoignon méritait bien quelque souvenir intime de celle qui s'en allait. Madeleine et ses sœurs lui donnèrent le chapelet dont se servait habituellement leur mère, et quand Mlle Legras mourut, son frère, Michel Legras, le rendit à Mme de Nesmond.

Saint Vincent perdait en Mme de Lamoignon une précieuse auxiliaire. Que de fois, embarrassé au milieu des difficultés de ses nombreuses entreprises, il avait passé du pied de l'autel où il consultait Dieu à la porte de cette maison, économe de la Providence ! Un mot avait pris cours parmi le peuple à propos de ces visites. « Voyez, disait-on, quand on

apercevait le saint soulever le marteau de l'hôtel; voilà le père des pauvres qui va chez leur
mère. » Heureusement il lui restait Madeleine,
leur imitatrice à tous deux, la fille de l'un selon l'esprit comme la fille de l'autre par le
sang. Accablée de douleur, elle se retira à la
Visitation de la rue Saint-Jacques, se croyant
incapable désormais de rien faire par elle-
même. Le religieux qui écrivit une relation de
sa vie rapporte le trait suivant, que nous re-
produisons textuellement, sans commentaires :

« Elle s'entretenait un jour avec sa sœur, la
religieuse, de leur poignante douleur lorsqu'un
enfant inconnu apporta pour elles un billet au
tour du couvent. Le billet contenait ces mots :
« Servantes de Dieu, arrêtez vos pleurs; Dieu
« a prolongé la vie de votre mère autant que
« sa justice l'a permis. Mais comme sa justice
« est égale à sa miséricorde, elle l'a pressé
« de donner à sa servante la récompense de
« ses mérites. » Toutes les recherches que
l'on fit pour découvrir l'enfant porteur du
message demeurèrent inutiles; plusieurs ont
cru voir l'intervention céleste dans ce fait
mystérieux. »

Madeleine revint bientôt à l'hôtel de Lamoignon. Elle continua d'habiter auprès de son frère et reprit le cours de sa vie si remplie. L'argent se faisait rare. Après quelques années de calamités comme celles qu'on venait de passer, où des riches mêmes avaient eu peine à se procurer le nécessaire, bien des bourses se trouvaient à sec, et les mendiants de profession, comme était Madeleine, se heurtaient souvent à de véritables impossibilités. Tel qui vivait au milieu d'un grand luxe ne disposait plus qu'en tremblant d'un petit écu. Elle eut une idée de génie. A ceux qui ne pouvaient lui donner de l'argent, elle demanda autre chose, espérant qu'elle trouverait ailleurs des bourses mieux fournies et que la compensation s'établirait ainsi.

De façon qu'un beau jour on vit arriver à l'hôtel de Lamoignon des dons de toutes sortes. Les vêtements ou les objets mobiliers qui pouvaient servir pour les pauvres furent mis dans une pièce et formèrent le premier magasin : c'étaient des aumônes toutes prêtes. Les superfluités et les objets de luxe qui devaient servir à faire de l'argent furent déposés dans une seconde pièce. C'étaient de petits meubles dont les propriétaires pouvaient faci-

lement se passer, des cabinets en marquete-
rie, des tableaux, des faïences de Rouen, des
miroirs de Venise; des bijoux dont se privaient
les dames; des garnitures complètes de ru-
bans comme en portaient les hommes à cette
époque; les dentelles noires dont les dames
recouvraient leurs robes; le point d'Alençon
nouvellement créé, le point d'argent d'Au-
rillac; de ces grands cols dont l'usage avait
succédé à celui des fraises, ces cols carrés
comme on en voit dans les portraits de
Louis XIII ou de Cinq-Mars. C'étaient de
belles tapisseries dont se dépouillaient des
âmes généreuses, des broderies faites au métier dans cette intention par les dames elles-
mêmes, des coiffes diversement garnies pour
aller avec les déshabillés. A ces deux magasins il fallut bientôt ajouter une annexe pour
les comestibles, car le blé, le vin, l'huile
affluèrent aussi.

Quand les visiteurs de M. de Lamoignon,
tombant au milieu du va-et-vient de ce charitable commerce, s'enquéraient de cette affaire:
« Oui, leur répondait gaîment le maître de
la maison, ma sœur organise un commerce
de friperie. » Celle-ci, se hâtant d'intervenir,

faisait les honneurs de son entrepôt, sans indiscrétion, mais avec tant de grâce que la séance se terminait généralement par un achat dont le prix allait grossir l'escarcelle des pauvres.

Il y eut cependant des peines dans cette demeure bénie de Dieu, où les cœurs s'entendaient si bien. Guillaume de Lamoignon et M. de Nesmond, son beau-frère, briguaient tous deux la charge de président à mortier qu'avait remplie leur père et leur beau-père. Aimant d'une égale tendresse son frère et sa sœur, Madeleine éprouvait de cet état de choses une profonde souffrance; attristée, gênée dans le présent, elle craignait surtout que ce démêlé, qui paraissait devoir être long et difficile à terminer, n'aigrît peu à peu les esprits. Sans doute elle connaissait la modération des intéressés, mais les discussions de famille sont toujours si pénibles pour les cœurs sensibles! et on tremble toujours tant quand il s'agit de ceux qu'on aime! Pendant six longues années, cette affaire la tint dans une constante appréhension, et cependant telles furent toujours sa délicatesse et la droiture de son cœur qu'elle ne se rendit jamais suspecte à Mme de Nesmond, bien qu'elle demeurât chez son frère, et qu'elle ne causa jamais d'ombrage à celui-ci, bien qu'elle visitât fréquemment sa sœur. Des deux côtés on la regardait au contraire comme un ange de paix atténuant toute démarche, adoucissant toute parole, empêchant les cœurs de s'aigrir; et, si la nature des intérêts engagés la rendait impuissante à donner satisfaction à chacun, du moins adressa-t-elle à Dieu de ferventes prières, et fit-elle prier également beaucoup de personnes de sa connaissance, afin que Dieu trouvât l'issue accommodante qu'elle-même ne pouvait prévoir. Nous dirons plus loin comment Dieu exauça sa longue et persévérante prière.

CHAPITRE XIII

L'œuvre de la Champagne et celle de la Picardie.

PARMI les provinces qui avaient souffert de la guerre extérieure, la Champagne et la Picardie tenaient le premier rang. Depuis le commencement de la lutte avec l'Autriche, elles n'avaient pas cessé de servir de champ de bataille aux deux armées, impériale et française, placées qu'elles étaient sur la route de l'Allemagne et sur celle des Pays-Bas. Elles avaient vu leurs champs de blé ravagés, les bestiaux réquisitionnés, les habitants maltraités quand ils refusaient de livrer jusqu'à leur dernière obole. Si quelque fermier plus, heureux que les autres, avait conservé un peu de grain et le semait, espérant une récolte, les affamés, grattant le sol avec leurs ongles, déterraient le grain pour le manger.

Le pays était donc déjà à la famine, les maladies y sévissaient quand la guerre des Princes était venue ajouter de nouvelles horreurs à cet affreux dénuement. Profitant de nos discordes civiles, Espagnols et Impériaux avaient fondu de nouveau par les Pays-Bas et la Franche-Comté sur les provinces qui leur ouvraient la route de Paris. On avait appris à saint Vincent de Paul qu'après la levée du siège de Guise par l'archiduc Léopold, un grand nombre de soldats des deux camps, malades et mourant de faim, étaient restés sans secours, au milieu des fermes déjà dévastées, et des habitants impuissants. Ces derniers en effet vivaient eux-mêmes d'herbes et de racines, ou pétrissaient pour en faire du pain, de la boue et de la paille hachée; on avait vu des malheureux se ronger les bras et mourir dans le désespoir. Le saint avait organisé un petit convoi de vivres et l'avait expédié aussitôt sous la garde de deux missionnaires qui devaient prodiguer en même temps aux malades les secours spirituels. C'était quelque chose : c'était peu relativement aux besoins, et les deux missionnaires à leur retour firent comprendre à saint Vincent qu'il s'agissait de provinces entières dénuées de tout : c'était l'œuvre de la Lorraine à recommencer sur une double échelle.

A peu près en même temps qu'eux, une jeune fille des environs d'Arras, qui avait entendu raconter les merveilles opérées par les dames de Charité, arrivait à Paris. Elle avait fait la route à pied, malgré sa faiblesse, et, guidée par la réputation de Mlle de Lamoignon, elle se rendit chez elle, tout exténuée. Elle fit une peinture déchirante de l'état des malheureuses provinces. Madeleine l'embrasse, la remercie d'avoir si bien pensé de la charité chrétienne. « Ne songez qu'à vous reposer, ajoute-t-elle, à reprendre des forces, et fiez-vous à moi pour le reste. » Elle lui fait donner une chambre chez elle, recommande à ses gens de la nourrir avec précaution, de la traiter avec égards, s'empresse d'écrire aux dames de Charité pour organiser une assemblée le plus promptement possible, et, le jour arrivé, leur conduit la jeune fille qui était venue se faire de si loin l'avocate des pauvres. La parole et les larmes de celle-ci produisent sur tous les cœurs l'effet qu'ils ont déjà produit sur celui de Madeleine ; on s'écrie d'une voix unanime qu'il est urgent de rémédier à un pareil état de choses.

Mais quand il fallut en venir aux moyens, les difficultés ralentirent le zèle d'un grand nombre. « A l'impossible, nul n'est tenu », disaient-elles. Ce que Madeleine de Lamoignon dut employer d'éloquence pour leur persuader au moins de tenter l'entreprise, de la commencer tant soit peu, se fiant sur la Providence du soin de la continuer, ne pourrait se dire ; on l'écouta enfin et on résolut d'envoyer sur-le-champ à Arras une somme d'argent dont elle-même fournit une grande partie, et deux sœurs de charité pour servir les pauvres, soigner les malades, distribuer les secours. Le religieux qui écrivit la biographie de Mlle de Lamoignon, quelque temps après sa mort, ajoute ces mots au récit précédent : « On fut si content de ces filles et du bon ordre qu'elles apportèrent dans le soulagement des malades, que la ville les a retenues, a pourvu à leur subsistance, et elles y sont encore aujourd'hui. »

L'œuvre était donc commencée des deux côtés à la fois : dans le Nord et dans l'Est. Chacun criait vers le côté d'où venait le secours, et ce n'était pas sans raisons. Le Barrois implorait; Sedan mourait de faim; entre Reims et Réthel, des troupeaux d'hommes et de femmes, disent les chroniques du temps, fouillaient la terre comme des pourceaux pour y trouver quelques racines; à Laon, les malades et les soldats étaient abandonnés dans des grottes hors la ville, faute de place dans les hôpitaux. Il fallait une organisation complète et bien entendue pour une aussi considérable entreprise. Saint Vincent fit prêcher ses missionnaires dans toutes les chaires de Paris, afin que le tableau des horreurs dont ils avaient été témoins excitât le peuple, si malheureux déjà, à faire quelques sacrifices de plus. Les dames quêtèrent de leur côté partout où elles purent, et s'occupèrent de centraliser les aumônes dans des magasins spéciaux.

Des missionnaires et des sœurs de charité furent alors envoyés en divers lieux des provinces désolées avec les premiers secours et des instructions détaillées sur la manière de mener leur œuvre à bien. Saint Vincent avait composé pour eux une *Instruction pour le soulagement des pauvres,* où il va jusqu'à donner la recette de potages économiques. Arrivés à destination, ces messagers de la charité établissaient des *cuisines de charité,* où se précipitaient les affamés ; on confiait un peu d'argent aux curés des paroisses pour soulager les misères inconnues ; on créait, non sans peine, des hospices là où le besoin urgent s'en faisait sentir. C'est ce qui arriva à Réthel. Cette ville avait subi quatre sièges en trois ans, et les malades, les blessés, les invalides étaient nombreux. C'est aux échevins de Réthel réclamant son concours que saint Vincent écrit le 31 mars 1651 : « Il n'est pas croyable combien ces dames ont de peine à soutenir les grandes dépenses qui leur incombent. Elles vont à plus de quinze mille livres tous les mois pour la Champagne et la Picardie seulement. »

Tous les sacrifices possibles étaient accomplis en effet pour subvenir à de telles œuvres. Saint Vincent pouvait louer le zèle des dames, car celui-ci était grand, et Mlle de Lamoignon, entre autres, se montrait une des ouvrières les plus actives de l'inépuisable ruche. Mais que de privations aussi ces aumônes coûtaient à la congrégation de saint Vincent, à sa maison de Saint-Lazare ! On y vivait avec la plus stricte frugalité ; on y ajournait tous les agrandissements qui pouvaient attendre. Mme de Lamoignon avait offert, au nom des dames de Charité, huit cent mille livres pour bâtir à Saint-Lazare une église et une maison. Sur ces entrefaites avait commencé l'œuvre des provinces, et le projet cher au cœur de saint Vincent en était resté là. « Une telle somme, dit-il, sera mieux employée à soulager le pauvre peuple de la Champagne et de la Picardie. » Et les huit cent mille livres étaient allées se disséminer dans les villages de ces provinces. En décembre de la même année, comme nous l'avons rapporté, la présidente de Lamoignon rendait sa belle âme à Dieu, et en février 1852 nous voyons les habitants de Réthel, reconnaissants envers tous leurs bienfaiteurs, faire célébrer un service pour « la mère commune des affligés ».

Pendant plusieurs années il fallut ainsi se

multiplier sous la direction du saint, qui créait
des marmites, envoyait des sœurs et des missionnaires dans le Berri et le Poitou, l'Angou-
mois et la Beauce, à Etampes, Pontoise,
Juvisy, sur tous les points de l'Ile-de-France.
On a constaté que, jusqu'à la conclusion de la
paix, les sommes employées par saint Vincent
en secours de toutes sortes approchèrent de
quatre millions, lesquels vaudraient trois ou
quatre fois plus aujourd'hui. La plus grande
partie lui était arrivée par l'intermédiaire de
Mmes de Lamoignon, de Herse, de Nicolaï,
de Traversay, de Miramion, Fouquet, Viole,
Joly et par la duchesse d'Aiguillon. Certes,
les auxiliaires qui lui avaient aidé à opérer ce
bien avaient aussi leur part de mérites devant
Dieu. Voyons comment il les en félicitait.

Le 11 juillet 1657, il préside une assemblée
générale des dames de Charité et leur rend
compte, comme il le faisait fréquemment, de
l'emploi donné aux aumônes versées entre ses
mains, ou par leur intermédiaire, dans celles
des curés de Paris :

« Certes, Mesdames, dit-il, on ne peut
penser sans admiration au grand nombre
d'hommes, femmes et enfants qui ont été

pourvus de vêtements, ainsi qu'aux prêtres qui n'avaient plus d'ornements dans leūrs églises dépouillées et qui étaient réduits à une extrême pauvreté; on peut dire que sans votre charité la célébration des saints mystères en eût été bannie, et peut-être ces lieux sacrés eussent servi à quelque usage profane. Si vous avez été chez les dames chargées de ces hardes, vous avez dû voir leurs maisons ressemblant à des magasins et boutiques de marchands en gros.

« Béni soit Dieu, Mesdames, qui vous a fait la grâce de couvrir Notre-Seigneur en ses autels, en ses prêtres, en ses pauvres membres, dont la plupart n'avaient que des haillons, et même plusieurs enfants étaient nus comme la main. Le dénuement des femmes et des filles était si grand qu'un honnête homme ne les osait regarder, et tous étaient pour mourir de froid dans les rigueurs de l'hiver. Oh! comme vous êtes obligées à Dieu pour vous avoir donné l'inspiration et le moyen de pourvoir à ces grands besoins! A combien de malades n'avez-vous pas sauvé la vie! Ils étaient abandonnés de tout le monde, couchés sur la terre, exposés aux injures de l'air, réduits à la dernière extrémité par les gens de guerre et la cherté des blés...

« N'êtes-vous pas touchées de reconnaissance pour la bonté de Dieu envers vous et envers ces pauvres affligés? L'histoire ne dit pas que quelque chose de semblable soit arrivé aux dames d'Italie, d'Espagne ou de quelque autre pays. Cela était réservé à vous, Mesdames, qui êtes ici, et à d'autres qui sont devant Dieu où elles ont trouvé une ample récompense de leur si parfaite charité. »

Le saint pensait alors à la présidente, arrêtée au milieu du travail, mais sa fille suivait dignement ses traces. Restée libre de tout lien social, elle était vraiment l'âme des assemblées de charité, comme Mlle Legras était l'âme de ces filles de saint Vincent dont les dames se faisaient les sœurs et les auxiliaires. Le biographe de Madeleine a pu dire avec raison : « En ce temps-là, la Providence, qui permettait des misères publiques comme on n'en avait pas vu depuis plusieurs siècles, suscitait aussi plus de personnes zélées et charitables qu'on n'en avait vu depuis longtemps. »

CHAPITRE XIV

Projet de l'Hôpital général. — Ce qu'était alors la mendicité à Paris.

ON ne comprendrait pas l'importance de cette fondation de saint Vincent, ni la part qu'y durent prendre les dames de Charité, si l'on n'avait une idée de ce qu'était alors la mendicité à Paris.

Au moyen âge, les abbayes, les monastères nourrissaient, chacun à divers titres, un nombre immense de pauvres, de manouvriers, de serfs et de paysans. Vers le xive siècle, l'état général des choses et des esprits commençant à se modifier, beaucoup s'étaient soustraits aux bienfaits du clergé et des ordres religieux, de peur de subir leur influence. Le clergé lui-même, éprouvé par les grandes catastrophes du xve et du xvie siècle, dut ensuite restreindre ses charités. Certaines populations dégoûtées du travail depuis les désordres de la Réforme, où on courait les campagnes en pillant les couvents, avaient pris des habitudes de paresse et de vagabondage; de façon qu'il s'était formé peu à peu en France une véritable armée de mendiants. Organisés en corporations, ne demandant qu'à vivre sans travailler, et embrassant la mendicité comme un métier, ils éludaient tous les efforts combinés de l'Eglise et de l'Etat et formaient eux-mêmes un état dans l'Etat.

Nous ne parlerons ni de ceux de Bretagne qui tenaient leurs assemblées générales dans un lieu appelé le Pré-aux-Gueux; ni de ceux du Poitou qui s'élurent au xive siècle un roi reconnu bientôt de tous les mendiants de France, roi dont le xviie siècle put voir le quatre-vingt-douzième successeur. Nous parlerons de ceux de Paris seulement. Ils étaient quarante mille sous les derniers Valois. C'était par la force et souvent l'épée à la main qu'ils exigeaient la charité, prenant ce qu'on ne leur donnait pas, et enlevant, qui pis est, des enfants qu'ils formaient à la mendicité, quand ce n'était pas au vol et au brigandage. Leurs quartiers généraux s'appelaient *Cours des miracles*, et ils étaient bien nommés; là, en effet, disparaissaient soudain le soir toutes les infirmités sur lesquelles Paris s'était apitoyé durant le jour. Jean Loret écrivait avec raison dans sa *Muze historique* :

> Combien voyons-nous d'estropiés
> Des jambes, des bras et des pieds
> Qui, sans user d'onguent ni baume,
> Seraient des plus sains du royaume!

Là on appartenait à différentes tribus selon le genre de talent dont on avait fait preuve. Il y avait les *Cagoux*, qui se couvraient d'ulcères apparents pour exciter la pitié; les *Narquois*, qui, l'épée à la ceinture, essayaient de se faire passer pour des soldats mutilés; les *Orphelins*, se disant abandonnés et sans ouvrage; les *Mercandiers*, prétendus marchands ruinés par la guerre; les *Refodés*, qui traînaient après eux leur femme et leurs enfants et s'intitulaient « une honnête famille ruinée par le feu »; les *Malingreux*, qui tremblaient la fièvre ; les *Piètres*, qui repliaient les jambes et marchaient avec des béquilles ; les *Francs-Mitoux*, qui faisaient semblant de mourir d'inanition ; les *Capons*, qui coupaient les bourses dans les cabarets ou les attroupements ; les *Callots*, qui simulaient la teigne ; les *Hubains*, qui se prétendaient mordus par un chien enragé et partaient pour un pèlerinage à saint Hubert ; les *Coquillards*, pèlerins ordinaires tourmentés de remords, et qui avaient besoin d'argent pour aller à tel ou tel endroit satisfaire leur dévotion ; les *Sabouleux*, épileptiques qui écumaient, grâce à un morceau de savon placé dans leur bouche ; les *Polissons*, qui volaient dans les marchés. Le nom général de tous était *Truands*.

Paris compta à certaines époques jusqu'à douze cours des miracles. Il y avait la cour du roi François, la cour Sainte-Catherine, la cour Brisset, la cour Gentien, la cour Jussienne, la cour Saint-Honoré, les cours du Bac, de Reuilly, des Tournelles, la cour Saint-Marcel, la cour de la Butte du Roi. Empruntons la description d'une de ces cours aux historiens du temps. Nous choisirons la plus renommée. Elle avait son entrée rue Neuve-Saint-Sauveur et s'étendait entre l'impasse de l'Etoile, la rue de Damiette et la rue des Forges.

« C'était, dit Maynard, une grande place et un grand cul-de-sac tortueux, boueux et infect, vraie capitale de la mendicité au milieu de la capitale de la civilisation chrétienne, ou plutôt égout et sentine de Paris et de la France. On parcourait pour y arriver, un labyrinthe de hideuses ruelles où il n'aurait pas fait bon s'aventurer de nuit, moins pour les flaques de boue dans lesquelles on enfonçait que pour les figures suspectes qui apparaissaient aux portes entrebaillées. On descendait ensuite une longue pente tortueuse aux pavés pointus et inégaux : on était alors au cœur de la cité. On avait sous les yeux dix gîtes de boue sèche enfoncés dans le sol, en chacun desquels grouillaient plus de cinquante ménages et s'entassaient pêle-mêle d'innombrables enfants, fruits pour la plupart, de l'inconduite ou du vol. C'étaient donc cinq cents familles, et au moins cinq mille habitants pour cette seule cour des miracles. La police n'osait y pénétrer, car on s'y faisait peu de scrupule sur les coups à donner. C'était le réservoir de tous les vices, l'asile de tous les crimes. Là, voler s'appelait gagner ; tromper le public par des plaies apparentes s'appelait avoir du génie ; trouver une manière perfectionnée de retirer une jambe en dedans ou de paraître manchot, s'appelait un truc nouveau. Chaque soir le produit du jour se mangeait et se gaspillait sans souci du lendemain.

« Chose étrange pour ces êtres sans foi ni loi, au fond de la cour se voyait une image de Dieu le Père, volée sans doute en quelque église, et chaque jour on y venait faire une courte prière. Que ce fût la réminiscence instinctive d'une enfance pieuse, ou une aberration sans nom de l'esprit humain, ces êtres dégradés se figuraient que Dieu pouvait bénir leurs mensonges, peut-être aider leurs vols. Non seulement ce reste de religion extérieure n'avait aucune influence sur la conduite, mais ils mouraient sans rapports avec l'Eglise, la réception des sacrements n'étant pas compatible avec la vie qu'ils menaient. »

D'une manière analogue les ont dépeints tous les historiens de Paris et ceux de Saint-Vincent-de-Paul ; les gazetiers du temps, les orateurs qui ont fait comme Patru, le Bossu,

Lalemant, Brisacier, les éloges funèbres du président Pomponne de Bellièvre ou de la duchesse d'Aiguillon, principaux promoteurs de l'œuvre de l'hôpital général.

« Qui ne sait, a dit Fléchier dans l'oraison funèbre de la duchesse d'Aiguillon, que l'établissement d'un grand hôpital dans cette capitale du royaume qui renferme tant de grandeurs et tant de misères, a été un des plus grands ouvrages de ce siècle ?

« On en prévoyait l'utilité, on en reconnaissait l'importance depuis longtemps; personne ne distinguait plus les pauvres de nécessité d'avec ceux de libertinage. On ne savait, en donnant l'aumône, si on soulageait la misère ou si on entretenait l'oisiveté. Les plaintes et les murmures excitaient plutôt l'indignation que la pitié. On voyait des troupes errantes de mendiants, sans religion et sans discipline, demander avec plus d'obstination que d'humilité, voler souvent ce qu'ils ne pouvaient obtenir, attirer les regards du public par des infirmités contrefaites et venir jusqu'au pied des autels troubler la dévotion des fidèles par le récit indiscret de leurs besoins, de leurs souffrances. »

Dans un sermon prêché à l'hôpital général après sa fondation, Bossuet alla plus loin encore. « Ils formaient, dit-il, un peuple d'infidèles parmi les fidèles, baptisés sans savoir leur baptême, toujours aux églises sans sacrements, hommes morts devant la mort même, chassés, bannis, errants, vagabonds, réduits à l'état de bêtes. » (*Œuvres*, t. XIII.)

On n'était pas sans avoir essayé des remèdes contre ce mal. En 1602, on avait imaginé de raser la tête des mendiants afin de pouvoir les reconnaître et les surveiller. En 1606, un arrêt du parlement ordonna qu'on fixât, sur l'épaule des vrais nécessiteux admis à l'aumône, la marque du bureau de secours; il était interdit aux autres de mendier, et on renvoyait au lieu de leur naissance ceux qui n'étaient pas de Paris. En 1612, pendant la régence de Marie de Médicis, un mandement royal assigne, pour y enfermer les mendiants, trois maisons avec jardins qu'on achète dans les faubourgs, et ordonne qu'on fasse sortir de la ville ceux qui ne voudront pas se soumettre à cette mesure. Cependant le mal ne disparaissait pas, et on en voit de nouvelles preuves dans d'autres arrêts portés par le parlement ou la cour en 1625, 1629, 1633, 1635. Ces décisions n'enrayaient jamais le mal que pour très peu de temps. Richelieu lui-même échoua dans cette entreprise; vainqueur de ses ennemis, des huguenots et de l'Europe, il fut moins heureux, a-t-on dit, contre la mendicité que contre la noblesse, moins puissant contre le roi des Gueux que contre les Marillac et les Montmorency.

L'extinction de la mendicité avait donc été admise en principe; mais, en 1656, il ne restait pour recueillir les vrais nécessiteux que la maison de la Pitié, dans le faubourg Saint-Victor, sous la direction de « bons et notables bourgeois ». On y recevait les enfants et les femmes avancées en âge. C'était insuffisant. Le nombre des mendiants croissait toujours, et l'ordre public, aussi bien que l'humanité, réclamait une solution.

Avec une somme que lui avait donnée un bourgeois de Paris, le laissant libre de l'employer à telle œuvre qu'il voudrait, saint Vincent avait fondé, dans le faubourg Saint-Laurent, un établissement où quarante pauvres étaient accueillis, hébergés; c'était l'hôpital du Saint-Nom-de-Jésus. L'organisation en était si admirable, le travail si bien réparti selon les forces et les aptitudes de chacun, les exercices religieux y avaient une part si bien comprise, l'ordre et la piété régnaient tellement dans cette maison, que cette prospérité fit rêver deux bonnes âmes. La duchesse d'Aiguillon et Madeleine de Lamoignon pensèrent que ce qui avait été accompli par le saint, pour un petit nombre de pauvres, se pouvait entreprendre sur une plus vaste échelle ; elles pensèrent qu'on pouvait réunir, enfermer les malheureux qui ne parvenaient pas à gagner leur vie par eux-mêmes, et que, tout en occupant ces hommes perdus de vices, on s'inquiéterait du salut de leurs âmes, on leur enseignerait l'honnêteté, le travail et la crainte de Dieu.

Le dessein, aussitôt conçu, fut communiqué par elles à saint Vincent. Prudent comme on le sait, le saint loua leur zèle, mais se montra effrayé d'une telle entreprise, et ne voulut rien décider avant de voir quelques moyens de l'accomplir. Cela ne tarda pas. Il leur avait dit de prier, et les avait renvoyées à huitaine. Elles passèrent ces huit jours à communiquer ce projet aux autres dames de charité et à stimuler leur zèle. Quand, au bout de la semaine, saint Vincent les revît, l'une de ces dames offrait cinquante mille livres immédiatement. « Si vous consentez seulement à essayer et à vous en mêler, disaient les autres, cela réussira. » Un mot de saint Vincent peint la situation : « C'est, dit-il, un torrent qui m'entraîne. »

Dieu, qui se sert des plus faibles instruments, permettait à la bonne volonté de ses collaboratrices de balancer la prudence et l'humilité du saint, et de donner elle-même l'impulsion à cette sainteté qui devait être leur garantie et leur appui.

CHAPITRE XV

Organisation de l'Hôpital général. — Les soixante mille écus de Mme de Bullion. — L'internement. — Consécration définitive. — Louanges de Bossuet.

Une des difficultés qui se présentaient, pour mener l'entreprise à bien, était de trouver un local assez grand. Le roi, ravi du projet, ne refusa pas d'y contribuer. Il y avait, en dehors de Paris, sur le bord de la Seine, une grande maison où l'on avait fabriqué du salpêtre, et qu'on appelait, pour cette raison, la Salpêtrière. La reine Anne d'Autriche obtint de son fils cette maison et le terrain qui l'entourait. Le brevet de donation est daté de 1653. Un entrepreneur, qui se prétendait lésé

par le changement de destination, fut désinté-
ressé par une des dames de l'assemblée, avec
une somme de huit cents livres. Le roi ajouta
ensuite à ce premier immeuble les bâtiments
de la Petite-Pitié et de la Grande-Pitié, ainsi
que ceux de Bicêtre.

Il sembla d'abord que, puisqu'on avait le
logement, on était hors de peine ; mais, hélas !
quand on en vint à compter quelles répara-
tions il fallait aux maisons pour les mettre en
état de recevoir des pensionnaires, pour y
créer des dortoirs, des réfectoires, des ate-
liers, quand on fit le compte des ustensiles
qu'il fallait se procurer, du linge à acheter,
du prix qu'allait coûter la nourriture, on se
trouva bientôt loin de compte. Saint Vincent
était d'avis qu'on rendît d'abord les établissements logeables, et qu'on ne reçût ensuite,
pour commencer, qu'un petit nombre de
pauvres, juste ceux qu'on pourrait nourrir
avec le reste des revenus, peut-être cent,
peut-être deux cents, et seulement ceux qui
viendraient volontairement. Les dames, pas-
sionnées pour leur grande idée d'étouffer
complètement la mendicité à Paris, auraient
voulu commencer tout de suite sur une vaste

échelle, et faire entrer de force ceux qui n'arriveraient pas de plein gré. « Les œuvres de Dieu se font peu à peu, disait saint Vincent; elles ont un commencement, des progrès, une marche; Noé passe cent ans à construire l'arche qui doit le sauver; Israël achète par quarante années de souffrances l'entrée de la terre promise; le Fils de Dieu lui-même se prépare trente ans à sa mission, avant de l'entreprendre. — Si l'œuvre est de Dieu, répondaient les dames, elle subsistera quand même; si elle n'est pas de Dieu, ce n'est pas ce que nous aurons fait qui l'empêchera de tomber. »

D'autres difficultés surgissaient. Il fallait faire enregistrer par le Parlement les lettres patentes de donation. Or, quelques juges hésitaient, se demandant de quoi seraient capables des milliers de gens sans aveu si on les menaçait tout à coup de les enfermer; ils craignaient des émeutes. Saint Vincent, Mlle Legras, Mlle de Lamoignon combattirent ces craintes de tout leur pouvoir, pensant que Dieu ne pouvait manquer de bénir le désir qu'on avait, de redonner à ces foules la droiture, l'ordre, l'amour du travail. Ils gagnèrent à leur cause le président Pomponne de Bellièvre, qui avait succédé à Mathieu Molé. Celui-ci les aida de ses largesses, mais tout ce qu'il put faire administrativement fut de déclarer qu'il consentirait à l'érection régulière de l'hôpital le jour où l'on aurait soixante mille écus pour « en accommoder les dedans. » Inutile de tenter avant ce jour aucune démarche.

Soixante mille écus étaient une somme énorme à une époque où les âmes charitables épuisaient depuis longtemps leurs ressources pour le soulagement de si nombreuses et si diverses misères. Les deux instigatrices du projet se voient dans un cruel embarras. La duchesse d'Aiguillon, si large et si généreuse, avait déjà tant fait qu'elle ne pouvait plus rien pour le moment. Madeleine de Lamoignon s'adresse à la sainte Vierge, espoir des causes désespérées. Chaque matin elle lui recommande avec ferveur cette cause qui est la sienne, puisqu'elle est celle des malheureux et des pécheurs. Pendant ce temps-là, elle ne laisse pas de mettre en jeu les moyens humains, se souvenant de la maxime : aide-toi, le ciel t'aidera.

Elle va visiter un jour sa parente et amie, Mme de Bullion, veuve du surintendant de ce nom. La conversation s'engage. Sur les représentations que lui fait Mme de Bullion à propos des peines qu'elle se donne, Madeleine, repoussant tout mérite, expose avec tant de simplicité, et cependant de chaleur, l'obligation où sont les chrétiens en général, de faire l'œuvre de Dieu, les riches en particulier, de remplacer la Providence auprès des pauvres, que la surintendante touchée, la regarde avec étonnement ; elle paraissait comprendre pour la première fois une vérité qui ne s'était pas encore présentée à son esprit d'une manière si claire et si forte. Elève docile de saint Vincent, Madeleine savait qu'il ne faut jamais rien forcer ni précipiter ; elle ne va pas plus loin ce jour-là, laissant à la grâce de Dieu le soin de travailler pour elle.

Quelques jours après, elle revient, raconte les commencements de l'œuvre de l'hôpital, la défense faite par le président, l'embarras où se trouvent les dames, les prières qu'elles font pour en sortir. La grâce avait en effet préparé le terrain. Mme de Bullion demande quelle somme on exige pour les laisser continuer.

« Soixante mille écus, répond Madeleine. —
— Certes ! dit la présidente, vous n'y allez
pas de main morte. Je veux bien vous faire
une offrande, mais je ne vous donnerai pas
soixante mille écus, car vous ne pourriez les
emporter. — Ah ! je les emporterais assez, si
vous me les donniez. — Eh bien, fit en riant
la surintendante, soit qu'elle voulût plaisanter,
soit qu'elle pensât échapper par cette bizarre
condition à une aumône exagérée, je vous
prends au mot et je ne vous les donne que si
vous-même les emportez seule aujourd'hui
sans que personne le sache. » Madeleine n'a
garde de refuser. Elle remplit d'écus ses poches
et son sac, et va les déposer dans son hôtel.
Elle revient et fait encore de même ; ni carrosse,
ni domestiques, rien ne fut employé. Combien
de fois accomplit-elle ainsi le trajet entre les
deux hôtels, ployant sous son précieux fardeau ?
Son biographe ne le dit pas. Il passe aussi
sous silence la fatigue qu'elle dut ressentir ;
mais avant la fin de la journée elle avait empilé
dans sa chambre, non pas soixante mille écus,
mais quatre-vingt mille, que la riche veuve,
émue de son dévouement, lui avait laissé emporter.

Dieu aidant, il vint enfin un jour où les difficultés furent toutes levées, et où on put organiser et ouvrir l'asile longtemps rêvé. Il se composait de quatre maisons distinctes :

1° La maison de Sainte-Marthe, dite Scipion, qui servait d'économat, de boulangerie, de boucherie, etc.

2° La maison de Saint-Denis, dite la Salpêtrière, destinée aux femmes incurables de tout âge ;

3° La maison de Bicêtre, pour les hommes ;

4° La maison de la Pitié, ou hôpital proprement dit, pour les malades.

Les administrateurs temporels furent choisis parmi des personnes d'un caractère honorable, d'un rang et d'une fortune à pouvoir fournir au besoin quelque appui. C'étaient vingt-cinq directeurs, ayant à leur tête l'archevêque de Paris, le premier président du parlement et le procureur général. On désirait confier l'administration spirituelle aux prêtres de Saint-Vincent ; celui-ci craignit qu'une telle occupation ne les détournât trop des missions dont il les avait chargés ; à sa demande, Louis Abelli, un des ecclésiastiques qui venaient à ses conférences du mardi à

Saint-Lazare, et qui fut depuis évêque de Rodez, accepta la direction de l'établissement. Les sœurs de Charité y furent installées pour le service des pauvres.

On signifia alors à tous les mendiants répandus dans la capitale qu'il fallait ou entrer dans cet hospice, ou travailler pour vivre, ou bien quitter Paris. Quand, du 7 au 13 mai 1654, ils furent sommés de se rendre dans la grande cour de la Pitié pour y être répartis entre les diverses maisons dont se composait l'Hôpital général, cinq mille vinrent de bonne volonté, préférant le travail à l'aumône, ou bien ayant des infirmités véritables : c'étaient là les bons pauvres. Trois mille cinq cents environ se cachèrent dans Paris ou s'enfuirent dans les provinces avec une agilité qu'on n'aurait point attendue de gens malades ou impotents ; ce qui fit dire à Jean Loret :

> On n'a jamais vu dans Paris
> Tant de gens si soudain guéris,

Le règlement de l'hôpital pourvoyait aux besoins des pauvres âmes qui depuis longtemps avaient perdu toute notion de vie religieuse, par des instructions familières, des catéchismes, des missions. Des maîtres de divers métiers y donnaient à ceux dont l'âge et la santé le permettaient, une instruction professionnelle, et on faisait vendre ensuite à leur profit les produits des diverses manufactures comprises dans l'établissement.

De généreuses donations contribuèrent à son entretien. Mazarin remit cent mille livres et en laissa soixante mille à sa mort. Le président Pomponne de Bellièvre, qui avait déjà donné à l'œuvre un contrat de vingt mille écus, lui fit, en mourant, un legs dans son testament. M. de Lamoignon, qui lui succéda dans sa charge, ne pouvait manquer d'être favorable à l'œuvre et de l'appuyer à la cour. C'est lui qui fit consacrer définitivement l'affaire, et, en avril 1656, le roi se déclara, par un édit, le conservateur et le protecteur de l'institution, l'hôpital général étant regardé comme fondation royale.

Dans cette œuvre à la fois charitable et politique, la persévérance et la piété de quelques femmes appuyées, il est vrai, de la sainteté d'un saint, triomphaient de bien des obstacles et édifiaient ce qu'on a appelé « le plus grand ouvrage du siècle ».

« Sortez un peu de la ville, dit Bossuet, et voyez cette nouvelle ville qu'on a bâtie pour les pauvres, l'asile de tous les misé·rables, la banque du ciel, le moyen commun donné à tous d'assurer ses biens et de les multiplier par une céleste usure. Rien n'est égal à cette ville ; non ! ni cette superbe Babylone, ni ces villes si renommées que les conquérants ont bâties... Là on tâche d'enlever de la pauvreté toutes les malédictions qu'apporte la fainéantise, de faire des pauvres selon l'Evangile. Là l'âme et le corps sont soignés et pourvus ; là les enfants sont élevés ; les ménages recueillis ; les ignorants instruits ; tous peuvent recevoir les sacrements. » (*Œuvres*, t. XIII.)

Ce ne fut pas la seule fois que Bossuet éleva sa voix éloquente en faveur de cet asile de toutes les misères. Les dépenses de premier établissement eurent vite épuisé les premières ressources ; il fallut chercher de nouveaux fonds, faire des quêtes dans Paris, emprunter la voix des prédicateurs en renom. On demanda au sublime orateur de prêter son concours pour adresser un appel à la charité publique, et le 29 juin 1657, Bossuet, depuis peu à Paris, prononça le panégyrique de saint Paul en présence de saint Vincent, de l'élite du clergé et d'un grand nombre des dames de l'assemblée, à la tête desquelles se trouvaient Mlle de Lamoignon, Mmes Séguier, Morangis, de Barillon, etc. Il parla des puissantes infirmités de l'apôtre, et s'écria dans sa péroraison :

« Ne voulez-vous pas, chrétiens, imiter un si grand exemple ? Que d'infirmes à supporter ! Que d'ignorants à instruire ! Que de pauvres à soulager dans l'Eglise ! Jetez seulement les yeux sur les infirmités temporelles de ceux qui crient après vous. Ne semble-t-il pas que la Providence ait voulu les unir ensemble dans cet hôpital merveilleux afin que leur voix fût plus forte et qu'ils pussent émouvoir plus facilement vos cœurs ? Ne les voulez-vous pas entendre et vous joindre à tant d'âmes saintes qui, conduites par vos pasteurs, courent au soulagement de ces misérables ? Allez à ces infirmes, mes frères, faites-vous infirmes avec eux ; sentez en vous-mêmes leurs infirmités et participez à leur misère. Souffrez premièrement avec eux et ensuite soulagez-vous avec eux en répandant abondamment vos aumônes. Portez ces faibles et ces impuissants ; ces faibles et ces impuissants vous porteront jusques au ciel. » (*Œuvres*, tome XVI.)

Saint Vincent, la duchesse d'Aiguillon et Madeleine, les premiers promoteurs de l'œuvre, eurent la consolation, avant leur mort, de la voir solidement établie et prospère. Elle abrita jusqu'à vingt mille pauvres par an, soit vieillards, soit incurables ; de plus, elle servit de modèle à plusieurs autres villes du royaume qui, sur le conseil de Louis XIV, organisèrent des établissements semblables.

CHAPITRE XVI

---

*Mort d'une des sœurs de Madeleine. — Fin des difficultés
de famille. — Charité constante.*

Es jours de joie et les jours de tri-
bulation se succèdent dans le service de Dieu comme si les uns
étaient destinés à remonter notre
courage, les autres à nous détacher de nous
et de nos œuvres, à nous retremper dans l'humilité. Au milieu des satisfactions qu'éprouva
Madeleine lorsqu'elle vit enfin assuré le succès d'une œuvre à laquelle elle avait pris
une si large part, une grande tristesse
vint envahir son cœur. Celle de ses sœurs
qui avait pris le voile, à la Visitation de
la rue Saint-Jacques, était restée toujours sa

confidente et sa consolatrice dans les peines intérieures presque constantes que souffrait Madeleine. Dieu lui ravit cette consolation, et la sainte religieuse, après avoir fait l'édification de sa communauté, s'endormit dans le Seigneur en 1657. C'était la solitude morale, la solitude du cœur pour la pieuse vierge consacrée au service de Dieu et des pauvres; car ceux au milieu desquels elle vivait, bien qu'admirables en tous points, étaient gens du monde, chefs de famille, se mouvaient dans un courant d'idées autres que les siennes, et ne pouvaient constituer de même un appui pour son cœur dans ces mille épreuves délicates que présente la vie intérieure d'une âme toute à Dieu.

De ce côté-là cependant, Dieu lui réserva une consolation d'un autre genre. Les difficultés qui troublaient depuis longtemps les familles de Lamoignon et de Nesmond allaient prendre fin. Les deux beaux-frères, ayant l'un pour l'autre une profonde estime, désirant cependant avant tout l'intérêt de leur propre famille, avaient en vain cherché jusque-là quelque voie d'accommodement. La mort de Pomponne de Bellièvre, premier président du parlement, vint terminer le différend. Il était assez naturel qu'un des présidents actuels fût promu à cette charge. M. de Nesmond la demanda pour lui; M. de Lamoignon désirait vivement qu'il l'obtint, la charge de président à mortier lui revenant alors de droit. Tous deux employèrent pour arriver à ce but les moyens dont ils purent disposer.

M. de Nesmond avait conservé de nombreuses relations à la cour depuis qu'il avait été chef du conseil de M. le Prince. Guillaume de Lamoignon, bien que n'ayant jamais recherché par goût ces liaisons à cause de son amour pour la retraite, s'en était fait cependant par la force des choses, par les nécessités de sa charge, et les amis que lui avaient valus sa grande vertu et la délicatesse de sa conduite, étaient des amis solides, des amis à toute épreuve. L'un d'eux entrait en ce moment au ministère. Dans sa joie de pouvoir le servir, il dit même à M. de Lamoignon qu'il ne s'emploierait en sa faveur que pour demander la charge de premier président. Guillaume de Lamoignon objecta ses goûts simples, ses tendances littéraires, le temps qu'il aimait se réserver pour la culture des sciences et la fréquentation des gens de lettres, ses soucis de famille. Il trouvait du reste, disait-il, plus de sûreté pour établir son fils aîné dans la charge de président à mortier que dans celle de premier président. Il eut beau dire : le ministre s'employa auprès de Mazarin ainsi qu'il l'avait annoncé, et M. de Lamoignon ne put que laisser aller les choses. — Après tout, se dit-il, à la grâce de Dieu ! M. de Nesmond a sans doute les mêmes raisons que moi de rêver la charge de président à mortier, en vue de son fils.

Enfin, un peu après la campagne de 1658, le ministre fit venir un jour les deux beaux-frères, leur annonça que le roi nommait M. de Lamoignon premier président et donnait à M. de Nesmond la survivance de la charge de président à mortier pour lui et pour son fils. Le roi, qu'ils virent ensuite, les accueillit avec bienveillance, et, sur les remercîments et les représentations de M. de Lamoignon :

— « Si j'avais connu un plus homme de bien, répondit-il, et un meilleur sujet, je l'aurais certainement choisi. »

Ce fut à la fin d'octobre 1658, à l'âge de

quarante ans, que Guillaume de Lamoignon entra dans l'exercice de sa charge, après avoir prêté serment au roi et au parlement. Ce devait être là son poste dernier et définitif; il avait été jusqu'alors conseiller au parlement en 1635, et maître des requêtes depuis 1644.

Si Madeleine retira quelque avantage de cette situation, ce ne fut certainement pas son amour-propre qui s'en prévalut, ainsi que nous le verrons plus loin; elle en fut heureuse uniquement pour l'influence plus grande qui lui était accordée dans certains milieux, et qui lui permettait d'étendre encore le champ de ses charités. Nous avons vu les œuvres principales dont elle fut une des instigatrices et auxquelles elle continua de consacrer sa vie; mais combien d'autres plus temporaires, plus accidentelles, combien d'autres, entreprises par ses amies ou ses collaboratrices, reçurent aussi son concours! Il y aurait quelque chose de surprenant à voir le nombre et l'importance des entreprises dont elle s'occupa, si l'on ne savait que Dieu opère de grandes merveilles avec nos petits efforts quand nous nous abandonnons complètement à son action.

La paix des Pyrénées et le mariage du roi

apportèrent quelque satisfaction au peuple en même temps que la gloire à l'Etat. Mais pendant que certaines provinces jouissaient d'un calme longtemps désiré, d'autres étaient affligées par de nombreux fléaux. La peste désolait la Picardie ; plusieurs incendies arrivés en divers lieux consumèrent des bourgs entiers ; la Touraine, le Berri, le Blaisois, le Gâtinais, une partie du Perche, désolés par la grêle, ne possédaient plus ni vignes, ni moissons ; les arbres, dépourvus de fruits, ne portaient pas même de feuilles ; les troupeaux furent décimés par la faim. Si grands que fussent les travaux à entreprendre, ils n'effrayèrent point le zèle de Madeleine. Vraie femme forte de l'Evangile, comptant sur l'appui de Dieu et celui de son frère, elle embrassa un nombre de choses prodigieux.

Elle rédigeait des mémoires exposant la situation des malheureux à secourir, lesquels mémoires étaient lus dans les assemblées des Dames de charité. Elle se mettait ensuite à quêter parmi les personnes riches de Paris, et chaque dame faisait de même dans le cercle de ses connaissances. Elle réunit ainsi cinq cents pistoles toutes les semaines pendant quatre années que durèrent ces fléaux. Elle écrivait ordinairement aux seigneurs des lieux éprouvés et aux curés des paroisses pour les charger de faire distribuer des secours aux malades ; puis aux ouvriers bien portants, du blé pour ensemencer les terres, des outils pour qu'on pût se remettre au travail. Elle envoyait de l'argent pour relever les maisons en ruines. Tout son temps, ses peines, son crédit étaient consacrés, employés à l'œuvre qu'elle entreprenait ; elle allait jusqu'à se reprocher les quelques heures de repos qu'elle prenait la nuit, bien que souvent, alors qu'on la croyait endormie, elle méditât en son esprit le meilleur moyen d'arriver à ses fins.

Une maxime de saint Ambroise l'avait toujours frappée : « On tue, dit ce grand docteur, les pauvres qu'on ne nourrit pas. » Elle-même se serait vraiment reproché leur mort si elle n'avait pas fait pour les secourir tout ce qui était humainement possible. Elle souffrait des souffrances qu'elle ne pouvait soulager, ayant souvent présente à l'esprit la parole du Sauveur : « Ce que vous aurez fait au moindre des miens, c'est à moi que l'aurez fait. » En toute personne affligée elle voyait

Jésus-Christ souffrant ; c'était cette pensée qui remplissait son cœur d'une tendresse si grande pour les malheureux et qui la rendait si aimable avec eux ; c'était grâce à cette pensée que sa charité ne connaissait de limites ni pour le temps, ni pour le lieu, ni pour le genre de misère. De quelque côté qu'elle entendît gémir, son oreille était attentive ; son cœur, compatissant.

Saint Louis avait coutume de dire qu'il ne voyait jamais devant son palais de courtisans plus agréables que les malheureux ; il en était de même à l'hôtel de Lamoignon ; on les y traitait en amis et en frères. Chaque matin c'était une file de pauvres demi-nus pour qui on ouvrait le magasin de vêtements et de chaussures ; un malade venait demander certains remèdes que Madeleine faisait composer chez elle avec soin ; une mère apportait son enfant, sachant qu'on tenait là en réserve un lait pur pour suppléer à la nourriture insuffisante qu'elle lui donnait ; ici c'était un artisan ruiné à qui on cherchait à procurer de l'ouvrage ; là une servante qui se trouvait sans condition, ou une pauvre fille en danger de se perdre, qu'on soutenait dans ses besoins

jusqu'à ce qu'un abri se fût ouvert pour elle ;
tantôt une mère de famille abandonnée par un
mari libertin et qui ne pouvait seule élever
ses enfants ; tantôt un convalescent décharné
à qui on apportait un bouillon pour le réconforter. « Et, ajoute le biographe de Madeleine,
elle-même en aurait eu parfois plus besoin
que le visiteur, tant sa lassitude était grande. »

On voyait là des orphelins qu'elle recevait
à bras ouverts, cherchant ensuite un moyen
de pourvoir à leur éducation, à leur apprentissage et à leur entretien ; des écoliers à qui
elle fournissait le moyen de continuer leurs
études et de servir l'Eglise. Fréquemment
encore on venait lui demander de s'employer
à la délivrance de quelque prisonnier de la
province. Pour ceux de Paris, c'était l'affaire
spéciale de sa belle-sœur, la présidente.

Madeleine enfin n'assistait pas seulement
ceux qui venaient implorer ses services. Les
vieillards caducs, les enfants délaissés, les
malades, les paralytiques la voyaient apparaître en leur pauvre logis, tout étonnés
qu'elle connût si bien leurs besoins. Elle se
partageait avec ses amies les divers quartiers
de la ville, et chacune communiquait aux
autres les découvertes qu'elle avait faites.

CHAPITRE XVII

Œuvres diverses
Mort de saint Vincent de Paul.

Nous venons de jeter un coup d'œil sur la vie ordinaire de Mlle de Lamoignon ; mais au milieu de ces obligations journalières, que d'occupations fortuites tombaient et venaient réclamer les dernières bribes de son temps, les dernières parcelles de ses forces ! C'étaient des communautés ruinées pour qui il fallait se mettre en campagne, des hôpitaux de province à fonder ou à soutenir, de pauvres paroisses de campagne dont les curés avaient sollicité par écrit une charité bien connue. Lorsqu'elle était à Basville, où son frère passait ordinairement le temps des vacances, elle faisait dans les villages du canton ce qu'elle avait l'habitude de faire à Paris pour les pauvres, les malades ou les gens sans emploi, et elle établit dans ces paroisses de campagne plus de trente assemblées de charité, destinées spécialement à prendre soin des malades.

Une fois, c'était en 1662, la province du Maine souffrait d'une grande disette à la suite de laquelle vinrent des épidémies. Un saint curé du Mans, l'abbé Bagot, fit le voyage de Paris afin d'intéresser à sa cause les âmes généreuses. Madeleine le présente aux Dames de charité, le conduit chez la princesse de Conti ; celles qui n'ont pas d'argent vendent leurs bijoux, et le bon curé s'en retourne avec des secours assez considérables.

En cette même année 1662 arriva une des plus cruelles disettes que Paris ait eu à supporter. Le roi fit construire des fours au milieu même de la cour des Tuileries, afin d'adoucir par des secours tirés de son épargne la misère et la famine. Mais tout était insuffisant ; on désertait les campagnes ; on amenait à l'Hôtel-Dieu beaucoup de pauvres gens qui survivaient à peine quelques jours, tant ils avaient souffert auparavant, et qui étaient tellement infectés de plaies et de vermine que les prêtres du séminaire de Saint-Nicolas étaient obligés de les y conduire eux-mêmes en bateau, les bateliers ne voulant pas s'en charger.

Tout fut bientôt encombré. L'hôpital général, qui regorgeait aussi de malades, ne sachant plus comment faire face à une si grande dépense, se vit, au plus fort de l'hiver, menacé dans son existence, et sur le point de fermer ses portes. Madeleine se mit en campagne, se multiplia en démarches. Son frère ayant alors la haute direction de l'hospice, eut l'idée de confier leurs craintes à Mme de Miramion. Pour conjurer semblable catastrophe, celle-ci retourna solliciter de nouveau la charité de quelques personnes riches qui avaient déjà beaucoup fait. La princesse de Conti, Marie-Anne Martinozzi, nièce du cardinal Mazarin, lui donna cent mille francs. — Ne parlez point de cela, Madame, dit-elle pour couper court aux remercîments, je suis trop heureuse que Dieu ait voulu se servir de moi pour sauver la vie de tant de personnes. L'offrande, remise aussitôt à M. le premier président,

fut employée aux nécessités les plus pressantes, et Madeleine n'en continua pas moins
à se dépenser pour l'entretien habituel de
l'hôpital ainsi conservé.

Une autre fois, ce sont les environs de Paris qui se voient désolés par des épidémies ;
des familles de huit à dix personnes disparaissent tout entières ; des riches même expirent
faute de gardes pour les soigner. Madeleine
fait préparer une grande quantité de médicaments, obtient de l'argent des uns et des autres, et organise des secours jusqu'à la diminution du fléau.

Ou bien c'est dans les faubourgs de la
grande ville que la misère publique, augmentée par quelque circonstance exceptionnelle,
réclame à grands cris du secours. On avertit
Madeleine que les paroisses de Saint-Laurent,
de Villeneuve-sur-Gravois, recèlent une foule
de familles presque abruties par la misère.
Dans la seule paroisse de Villeneuve, elle en
visite quatre cents. Loin d'être effrayée par le
nombre immense qui se présente, elle redouble d'activité ; commence par les malades,
auxquels elle fait préparer des remèdes ; s'occupe des vieillards ; envoie les enfants aux

écoles ; fait acheter de la soie, de la laine, du cuir, de l'étain, du fer pour rétablir les boutiques et les diverses industries. Elle fait distribuer du pain pour nourrir la population pendant un certain nombre de jours, en attendant que le travail ait trouvé un débouché. Songeant à la gloire de Dieu, elle donne pendant un peu plus longtemps pour la nourrir les fêtes et dimanches. Elle fait à peu près les mêmes choses dans les paroisses de Saint-Laurent, Saint-Victor, Saint-Marceau, jusqu'à ce que le roi, informé de la pauvreté de ces lieux, prenne soin d'y faire répandre des aumônes.

Parmi les fondations accomplies par des dames de ses amies et auxquelles Madeleine coopéra sans avoir l'initiative de l'œuvre, il faut citer les *Filles de l'union chrétienne* ou *Nouvelles Catholiques*, œuvre commencée en 1647, par Mlle de Grammont, sous la direction de Mme de Pollalion pour recevoir et instruire les protestantes nouvellement converties ou désirant se convertir ; la *Providence* de Mme de Pollalion, pour les personnes qui consentaient à sortir du désordre. Saint Vincent visitait souvent, instruisait et exhortait ces pauvres femmes. Puis, les refuges de *la Pitié* et de *Sainte-Pélagie,* dus à la charité de Mme de Miramion, où l'on recevait les femmes de mauvaise vie comme pénitentes volontaires, et même, dans une autre catégorie, celles qui avaient mérité d'être enfermées. Le président de Lamoignon contribua à l'accroissement de cette œuvre.

Madeleine ne manqua pas non plus de soutenir la belle œuvre que sa mère avait fondée de concert avec saint Vincent, c'est-à-dire la *société pour les prisonniers.* On s'y proposait la visite, l'assistance, la consolation de tous les prisonniers en général, et la délivrance de ceux qui étaient détenus pour dettes. Mme de Lamoignon avait eu la joie de voir cette œuvre grandir et prospérer de son vivant.

Les filles de saint Vincent enfin, les sœurs de Madeleine, on peut dire, dans l'esprit du saint et dans tous les travaux entrepris, lui durent nombre de services et de démarches pour maintenir intactes leurs admirables constitutions.

Une autre institution, pour laquelle elle ne ménagea pas ses peines, réclame quelques explications.

En 1612, M. Bourdoise, que saint François de Sales appelait « le saint prêtre », s'était établi avec quelques amis dans un local de la rue Saint-Victor, près de la porte principale de Saint-Nicolas du Chardonnet. Leur intention était de travailler ensemble à devenir de parfaits ecclésiastiques, liés seulement par une ardente charité, mais sans faire de vœux. Le curé de cette paroisse, l'abbé Froget, les admit dans son église ; ils s'y acquittèrent très dignement de toutes les fonctions ecclésiastiques jusqu'en 1631, époque à laquelle Mgr de Gondi les constitua en corps de communauté. En 1644, leur maison fut érigée en petit séminaire, et l'abbé Froget, pour subvenir aux frais d'un établissement si utile, créa dans sa paroisse une œuvre de charité appelée bourse cléricale. Cette association, composée d'hommes et de femmes du monde, avait pour but d'aller solliciter à domicile, chaque année, les sommes nécessaires à l'entretien des jeunes séminaristes. Toutes les personnes pieuses de la paroisse voulurent prendre part à cette bonne œuvre. Mme la présidente de Nesmond et Madeleine de Lamoignon furent des premières à y figurer, et des plus ardentes à s'en occuper. Quelques années après, le séminaire avait déjà fourni des prêtres distingués ; on ne compte plus de nos jours les prélats qui en sont sortis. Quand Mme de Miramion vint se fixer sur la paroisse avec sa petite communauté, elle procura des rentes à l'établissement, qui se trouva ainsi constitué d'une manière stable.

La charité de Madeleine ne se bornait pas à son entourage ; les étrangers eurent part à ses travaux. Tantôt c'est un hôpital qu'elle aide à créer au Canada, pays où les malades se voyaient dénués de secours. Elle envoie une relation touchante à quelques-unes de ses plus riches amies ; celles-ci, entrant dans ses vues, prennent la chose à cœur ; et bientôt les malades sont soulagés à Québec comme à Paris. Etrange et divine influence que celle d'une faible femme, qui traverse les mers, brave les difficultés, et s'exerce au profit de tant de peuples !

Tantôt ce sont des religieuses de la Visitation que, sur la demande de la reine de Pologne, Marie de Gonzague, son amie, elle travaille à établir à Varsovie. Entre toutes les communautés religieuses, elle avait toujours eu un faible pour la Visitation, et de concert avec Marie de Gonzague, avait contribué à fonder un nouveau monastère à Paris, celui de la rue du Bac. Elle resta liée d'une étroite amitié avec cette princesse, malgré leur séparation, quand celle-ci eut épousé le roi de Pologne, Casimir. A l'époque où les Suédois envahirent la Pologne, la reine, manquant d'argent, eut recours à Madeleine, qui lui envoya une somme empruntée à un de ses amis. Aussitôt que l'état des affaires le permit, la reine rendit la somme en y ajoutant son portrait garni de diamants, et priant Madeleine de le garder pour l'amour d'elle. Ce fut quelques années après ces événements que la reine demanda à Madeleine de lui envoyer des filles de la Visitation pour fonder une maison à Varsovie.

Tantôt c'est le rachat des captifs, cette vieille œuvre du moyen âge, que Madeleine, à l'instigation de saint Vincent de Paul et de concert avec lui, fait revivre en Algérie.

Au milieu de la persécution qui sévissait en Angleterre, beaucoup de catholiques anglais avaient passé en France ; elle les considérait comme des confesseurs de Jésus-Christ, des martyrs de l'Eglise; elle dépensa beaucoup de zèle afin de pourvoir à leur subsistance et de leur rendre aussi doux que possible un exil que la foi leur rendait si glorieux.

Des prêtres grecs, ayant quitté le schisme, se trouvaient à Paris dans un grand dénuement; elle pourvut à leur subsistance et leur procura les moyens de regagner leur pays afin que leur exemple amenât d'autres brebis au bercail de l'Eglise.

On lui écrit d'une ville de Suède que les catholiques qui s'y trouvent vont manquer d'instruction et de pasteur, le seul prêtre qui y demeure ne trouvant plus les-ressources nécessaires à son entretien. Elle fait un fonds pour y pourvoir.

Un chevalier de Malte, esclave à Alger, avait vu ses liens brisés par des marchands arméniens qui lui avaient avancé le prix de sa rançon. Rentré en France, il constate avec peine que sa famille refuse d'acquitter cette dette d'honneur. Madeleine l'apprend et n'hésite pas à lui donner vingt mille livres que vient de lui envoyer la reine de Pologne, à qui elle les avait prêtées.

De pauvres Arméniens étaient venus en

France pour se faire rendre de l'argent qu'un Français leur devait et qui leur était contesté. Elle les prend sous sa protection, se fait expliquer minutieusement leur affaire, en parle à son frère, engage son neveu à plaider une cause aussi digne de son éloquence que convenable à sa générosité ; c'était la seconde cause du jeune avocat. Le désir de servir sa tante, son zèle pour la justice donnent à ses paroles « une force qu'on n'attendait pas d'un âge qui, d'ordinaire, produit seulement des fleurs », dit un contemporain. On adjuge sans hésiter aux Arméniens le remboursement qu'ils désiraient. Par malheur, la partie adverse s'étant trouvée insolvable, c'est en vain qu'on eût reconnu la justesse de leur cause si Madeleine de Lamoignon, ne pouvant souffrir qu'après tant de peines, ils risquassent peut-être de mourir de faim en route, n'eût entrepris de leur faire un fonds pour les dédommager. Elle y réussit, et ils emportèrent dans leur pays l'admiration et la reconnaissance de ce qu'ils avaient trouvé dans le nôtre.

La charité de la sainte fille atteignit jusqu'à nos ennemis. « Dans une des dernières guerres, dit son biographe, Etampes et Melun étaient pleins de soldats étrangers pris en quelque bataille. La dysenterie se mit parmi eux. Les pauvres gens étaient d'autant plus à plaindre que nul autour d'eux ne connaissant leur langue, ils ne pouvaient expliquer leurs souffrances. Mlle de Lamoignon allait se rendre à Basville avec son frère quand elle reçut une lettre qui lui annonçait cette nouvelle. Elle retarda son départ afin d'avertir diverses personnes, et organisa des secours. Plusieurs sœurs de charité furent envoyées immédiatement pour assister les malades, à qui elles fournirent remèdes et nourriture. Un religieux sachant la langue de ces soldats les suivit bientôt. Il les consola, leur fit quelques instructions ; trente-cinq de ces hommes, nés dans l'hérésie, furent si touchés de la charité qu'ils trouvaient parmi nous qu'ils se montrèrent disposés à rentrer dans le sein de l'Eglise et firent leur abjuration.

Il arriva presque la même chose à des officiers étrangers, prisonniers de guerre à Vincennes. Madeleine, apprenant que plusieurs d'entre eux sont malades et souffrent beaucoup, demande la permission de les visiter. Elle les console, les réconforte de son mieux, puis fait pour les Dames de charité un mémoire de la situation où elle les a trouvés et des choses dont ils ont besoin. Ces officiers conçoivent pour elle une si grande reconnaissance qu'ils la regardent comme leur mère ; par égard pour elle d'abord, ils reçoivent avec respect le missionnaire qu'elle leur envoie ; puis, la grâce pénétrant peu à peu dans leur âme avec la divine parole, un luthérien se convertit, et les catholiques égarés, faisant un retour sur eux-mêmes, s'engagent à faire pénitence de leurs désordres passés et règlent désormais autrement leur vie.

Une grande douleur marqua pour Madeleine l'année 1660. A quelques jours [de distance, elle perdit Mlle Legras, la supérieure des Sœurs de charité, avec qui elle était intimement liée, et saint Vincent lui-même, l'âme des œuvres, le père des âmes, le saint qu'on s'était habitué à suivre, à écouter. Peu de semaines avant sa mort, la duchesse d'Aiguillon et quelques autres Dames de charité, au nombre desquelles se trouvait Madeleine, effrayées de la décomposition de ses traits, de sa faiblesse croissante, et informées qu'il refusait de prendre les fortifiants qu'on lui offrait, s'entendirent avec un médecin pour organiser un régime plus propre à le soutenir. Mais le saint était trop fait à ses austérités ; il lui fallut bientôt reprendre le régime de la communauté ; et puis Dieu, qui trouvait sa couronne assez belle, le voulait retirer de ce monde.

Les dames qu'il réunissait le mercredi pour conférer des œuvres de charité assistèrent en corps à ses funérailles avec tout ce que Paris renfermait de grand : le roi et les princes du sang, l'épiscopat français presque entier, Bossuet et Fénelon en tête. Le président de Lamoignon, qui l'avait vu si souvent en compagnie de sa mère et de sa sœur, écrivait quelques jours après : « Toute la France a perdu en la mort de M. Vincent, et j'ai, en mon particulier, beaucoup de sujets d'être sensiblement touché d'une si grande perte. Si quelque chose peut me consoler dans les regrets qu'elle me donne, ce sera le moyen de témoigner à la congrégation de la Mission combien la mémoire de son fondateur m'est en vénération. »

Dans une autre circonstance, il avait donné

du saint cet admirable témoignage : « C'est l'estime publique qui porta la reine mère à l'appeler dans son conseil de conscience, mais cet honneur ne l'empêcha pas de vivre comme il avait toujours vécu. Dans les occasions difficiles, il parla avec une fermeté digne des apôtres. Toutes les considérations humaines ne purent l'engager à dissimuler tant soit peu la vérité ; et il ne se servit jamais de la confiance des grands que pour leur inspirer les sentiments qu'ils devaient avoir. »

CHAPITRE XVIII

*Les mendiants pour Dieu. — Relations de Madeleine avec
la cour. — Soigner les corps pour sauver les âmes.*

Un homme d'esprit prétendit, à la
mort de Mlle de Lamoignon, que
les pauvres perdaient cent mille
écus de rentes. Certes, à jeter
seulement un coup d'œil sur les œuvres si
diverses et si multipliées auxquelles elle prêta
son concours, on reste confondu en effet
devant les sommes énormes dont elle disposa.
Eh bien, pense-t-on à la peine qu'il faut se
donner pour réunir tout cela ? Pense-t-on aux
difficultés nombreuses qu'elle dut rencontrer ?

Ceux qui ont l'habitude des œuvres de
Dieu savent que le plus difficile n'est pas de

porter le pain à l'indigent, de panser la plaie
du malade ou d'essuyer un front brûlant de
fièvre ; non, l'exercice direct de la charité
remplit le cœur de joie ; on se sent près de
Dieu : c'est Lui-même qu'on sert. Pour toute
âme grande et généreuse se donner est plus
facile que de demander aux autres. Mais quelle
appréhension d'aller frapper sans cesse à la
porte d'autrui, de sentir sa visite presque
toujours redoutée ! Que d'hésitations avant
de pouvoir surmonter sa timidité naturelle !
Que de temps employé à tourner autour du
sujet qui vous préoccupe, afin de prendre les
gens par le bon côté et de saisir le moment
opportun ! Quelle patience pour écouter les
longues doléances des uns, les futilités des
autres, pour supporter les moqueries, les
insolences, les théories qui vous révoltent.
Certainement si le secours donné aux pauvres
est la partie consolante de la tâche, les
moyens employés pour se procurer des ressources constituent la partie rebutante et
pénible. Mme de Miramion disait un jour à
une sœur qui l'accompagnait dans une quête :
« Il faut bien aimer Dieu pour faire ce
métier-là ! »

Que de désagréments Madeleine de Lamoignon ne dut-elle pas subir, que de démarches ne dut-elle pas tenter pour arriver à réunir les ressources que nous avons constatées! Que de pas comptés par les anges! que d'éloquence prodiguée! Que de rebuts supportés! Que de violence parfois à se faire pour empêcher le découragement d'envahir le cœur! Aussi, bien que son penchant personnel la portât à la retraite, elle se garda bien d'abandonner les hautes relations dont jouissait sa famille; c'était autant de gagné pour les pauvres. Elle continua de fréquenter la cour, où elle était amicalement reçue; c'était autant d'obtenu facilement; chez un assez grand nombre d'autres riches, il lui fallait disputer le terrain pied à pied.

Le jeune Louis XIV, en effet, lui avait donné libre accès auprès de sa personne; il prétendait qu'on la voyait toujours au Louvre avec plaisir; il la seconda souvent dans ses entreprises, et on pouvait supposer que les choses étaient bien difficiles quand il n'accédait pas à ses prières. — Vous êtes peut-être la seule, lui disait-il, à qui je refuse si peu; c'est que vous êtes la seule qui ne demandiez rien pour vous. Jamais, en effet, Madeleine ne se servit de ses relations à la cour pour entrer dans aucune intrigue particulière; jamais elle ne demanda de faveurs personnelles; les malheureux seuls avaient le bénéfice des privilèges qu'on lui accordait.

Outre les cas exceptionnels, le roi lui envoyait quatre fois l'an une somme d'argent, et sa confiance était telle qu'il refusa toujours d'entendre les comptes qu'elle voulait lui rendre de ces aumônes particulières. La confiance qu'il avait dans son zèle, son jugement et son habileté n'était pas plus grande du reste que celle qu'il avait dans sa piété. On trouva, après la mort de Madeleine, des lettres autographes que le roi lui avait écrites de Flandre, dans le seul but de se recommander à ses prières.

La jeune reine Marie-Thérèse professait également pour Madeleine une grande amitié. Un jour que celle-ci venait de solliciter quelque grâce auprès d'elle, la reine l'entraîna avec une douce violence jusque chez le roi. Comme Madeleine s'excusait de le déranger: —« Je suis trop heureux, répondit Louis XIV avec la grâce parfaite qui caractérisait ses

moindres paroles, de voir dans mon apparte-
ment une femme digne d'habiter le ciel ou la
demeure des pauvres. » Il était au jeu dans ce
moment, car on jouait passablement à la
cour. Il exprima à Madeleine le désir de la
voir prendre part à ce délassement.— « Il y a
un obstacle, sire, répondit Madeleine, et je
serais obligée de poser une condition à Votre
Majesté. — Dites la condition, reprit le roi,
si elle lève l'obstacle. — J'ai fait vœu de
renoncer à tous les plaisirs du monde, et ne
puis m'occuper que d'un acte de bienfaisance.
Il faudrait donc convenir que si je gagne,
mon gain sera pour les pauvres, et que si je
perds, les pauvres ne perdront rien. Le roi
sourit avec bonté, et après une heure de cet
exercice un peu fastidieux pour elle, Madeleine s'en retournait les poches pleines, et
ayant obtenu de plus la grâce qu'elle sollici-
tait.

Un autre jour elle se trouvait encore auprès
de Marie-Thérèse, l'implorant pour une nécessité. Le surintendant de la princesse était
présent ; on le consulta sur la possibilité de la
chose. — Votre Majesté, répondit-il un peu
brusquement, en serait quitte à meilleur mar-

ché si elle abandonnait à Mademoiselle la moitié des revenus de ses domaines. Embarrassée entre les deux personnages, la reine se tourne en souriant vers Madeleine. — Que répondez-vous à cela? lui dit-elle. — Que les pauvres y perdraient, Madame; les domaines de Votre Majesté ont des bornes, sa charité n'en a pas. La reine et le surintendant, gagnés, n'opposèrent plus de résistance.

Anne d'Autriche elle-même, bien qu'elle fût d'ordinaire plus grande dame que sa belle-fille et apportât moins de simplicité dans sa manière d'agir, Anne d'Autriche accordait à Mlle de Lamoignon des privautés dont peu de personnes se voyaient l'objet. Tout lui était ouvert en quelque temps qu'elle se présentât. Outre les aumônes ordinaires qu'elle lui remettait à certains moments, la reine mère avait un genre de complaisance qui mérite d'être cité. On se souvient du magasin de Mlle de Lamoignon. Or, dans les objets qu'on lui donnait pour ses pauvres, il y avait parfois des bijoux qu'elle ne pouvait vendre, soit parce que nul ne se souciait d'y mettre la valeur qu'ils représentaient, soit, au contraire, parce qu'on ne les trouvait pas d'assez grande beauté. La reine mère permettait que l'on jouât chez elle, à certains jours, ces bijoux dont Madeleine n'avait pu tirer parti autrement.

Un jour de grande fête entre autres, la pauvre fille se voit sur les bras une famille nombreuse qui se trouvait dans une nécessité pressante. Plus d'argent dans sa bourse, et pour tout bien un de ces bijoux qu'elle ne savait où placer. Anne d'Autriche, selon son habitude pour certaines fêtes, était allée se recueillir à l'abbaye du Val-de-Grâce et y passait la journée avec quelques dames de la cour. Madeleine n'hésite pas et gravit la longue rue Saint-Jacques. « Il faudrait faire un jeu, Madame, dit-elle à la reine; j'ai des pauvres qui meurent de faim. — Mais, objecte Anne d'Autriche prise à l'improviste, en un jour si saint, est-ce convenable? et puis dans un lieu comme celui-ci on n'a point de cartes. — Pour le jour, Madame, répond Madeleine, il est toujours convenable, en un jour si saint qu'il soit, de faire la charité; quant aux cartes, j'en ai apporté, » ajouta-t-elle, en tirant un jeu de sa poche.

On n'avait qu'à s'exécuter. La partie s'en-

gagea entre la reine et les dames de sa société;
le bijou fut gagné par l'une d'elles, et les
mises réunies formèrent une petite somme
que Madeleine emporta au plus vite.

Cet épisode peut nous paraître étrange;
mais si on étudie l'histoire intime de ce
temps-là, on verra que les cartes jouaient un
grand rôle dans les délassements de la cour;
pourquoi, dès lors, ne pas les utiliser? La charité n'a-t-elle pas mille industries à son service? et nos loteries d'aujourd'hui ne ressem-
blent-elles pas à cela?

Monsieur avait pour la sainte fille les mêmes
sentiments d'affection que la reine sa mère et
contribuait souvent à ses charités. Parmi les
autres personnes du sang royal, le prince et
la princesse de Conti se servaient d'elle également pour cacher une partie de leurs propres
charités. Une fois entre autres, dans la fameuse
disette de 1662, Madeleine de Lamoignon
avait déjà vendu sa garde-robe, son argente-
rie, ses meubles précieux; sa bourse et celle
de ses amis étaient épuisées. Un espoir lui
reste : elle pense au prince et à la princesse
de Conti qui résidaient alors en Languedoc.
Eux aussi avaient épuisé leurs ressources

pour secourir les pauvres ; il restait à la princesse un collier et des boucles d'oreilles de diamants estimés cinquante mille écus; elle les envoie à Madeleine en lui demandant seulement le secret. Hélas! la pénurie était si grande que, pour des objets pareils, on ne pouvait trouver acheteur qu'à la cour. Madeleine se rend auprès de Louis XIV et lui confie l'affaire. Le roi ému achète le collier et respecte le secret des deux nobles femmes.

Des exemples semblables suscitaient d'autres sacrifices. On a calculé qu'en cette seule circonstance Mlle de Lamoignon avait distribué plus de cinq cent mi'le livres d'aumônes.

Si l'on rapproche l'estime dont Madeleine jouissait à la cour des difficultés dont nous parlions, on nous accusera peut-être de nous contredire nous-même. Il n'en est rien cependant, car, outre que là déjà il y avait à faire des sacrifices de temps, de goûts, toutes les démarches n'étaient pas si bien prises; plus d'un riche égoïste renvoyait la sainte fille avec de rudes refus, de méprisantes railleries : les rebuts n'étaient pas chose rare. Mais ajoutons encore, puisque nous avons parlé de la famille royale, que celle-ci n'obligeait pas une ingrate. Sincèrement dévouée à tous ses membres, autant par élévation de cœur que par reconnaissance, Madeleine prenait fidèlement leur parti quand elle les voyait attaqués en quelque chose que ce fût; elle se réjouissait de leurs joies avec autant de sincérité qu'elle souffrait de leurs peines. Dans les maladies du roi et des princes elle appelait au pied de l'autel pour faire violence au ciel, la foule de ces pauvres et de ces malheureux qui sont si puissants sur le cœur de Dieu. Louis XIV était-il en campagne, il aimait qu'elle lui écrivît pour le féliciter de ses victoires. Ce n'étaient pourtant pas là lettres de courtisans, car Madeleine faisait remonter à Dieu les succès remportés par le roi, et lui rappelait, quoique dans les termes du plus respectueux attachement, toutes les obligations de celui que Dieu a fait le père d'un peuple.

Bien que passant la plus grande partie de son existence avec les pauvres, Madeleine savait vivre avec les grands, elle avait un talent à elle de mêler au respect pour leur dignité l'attachement à leur personne, de les entretenir sans les ennuyer, de leur plaire

sans les flatter. Elle avait adopté la mise sé-
vère d'une personne consacrée à Dieu ; cependant elle savait se garder de toute exagération, évitait le ridicule, et faisait à la mode les concessions nécessaires pour pouvoir entrer partout sans attirer les regards, sans faire critiquer la dévotion. Elle était plutôt simple que recherchée dans sa manière de faire ; il y avait néanmoins quelque chose de grand et de mystérieux au fond de cette simplicité. On sentait que sa conversation était dans le ciel, mais que, loin de dédaigner pour cela les choses de la terre, elle voulait les élever à la hauteur où elle vivait, et, pour cette raison seule, descendait jusqu'à elles. Est-ce qu'en sauvant les pauvres, en effet, elle ne sauvait pas les riches ? Est-ce que, dans les vues de la Providence, le riche n'a pas autant besoin du pauvre pour se sanctifier que le pauvre a besoin du riche pour la vie d'ici-bas ? Celui qui sert de trait d'union entre eux n'est que le messager de cette divine Providence.

Nous disons : en sauvant les pauvres. Le salut de leur âme et leur vie éternelle était toujours le but où tendaient les actes de charité corporelle et les secours destinés à assurer la vie du temps. Madeleine avait un rare talent de porter à Dieu ceux qu'elle consolait rien que par sa manière affectueuse de leur parler. Et puis que d'œuvres entreprises uniquement pour le bien des âmes ! Il ne partait point de missionnaire en Chine, dans les Indes, ou dans les contrées schismatiques de l'Orient, qu'elle ne le chargeât de présents propres à faciliter son ministère ou à assurer sa subsistance. Dans le temps où l'on s'efforçait de ramener les Français à l'unité d'une même foi, elle envoya des secours à Poitiers, à Loudun, dans le Génevois, afin qu'on pût ouvrir des asiles aux convertis que persécutaient leurs familles, ou à ceux qui redoutaient leur propre inconstance en restant dans un milieu hérétique. Souvent elle fit donner des missions dans les campagnes ; c'était là, saint Vincent l'avait bien compris, que le peuple avait le plus besoin d'instruction. Suivant ces missions elle-même, elle animait par sa ferveur et ses exemples les simples gens que gagnaient sa bonté et la grâce de ses entretiens. Si par mille moyens différents elle tendait au but, on sentait que ce but était un : c'était d'agir pour Dieu et de le faire aimer.

CHAPITRE XIX

Le frère et les neveux de Madeleine de Lamoignon.
Alliance avec la famille de Miramion.

Ieu avait épargné à Madeleine cette
pénible épreuve qui consiste soit
à souffrir par ceux qu'on aime,
soit à les voir souffrir eux-mêmes.
A part la circonstance que nous avons relatée,
la paix avait toujours régné dans sa famille ;
elle avait trouvé une amie dans sa mère ; et à
l'époque où nous arrivons, l'honneur et la
prospérité de sa maison continuaient à s'épanouir dans la personne de son frère et celles
de ses neveux.

Nous avons parlé ailleurs de la conscience
et de la dignité avec lesquelles Guillaume de

Lamoignon remplissait les obligations de sa charge ; rappelons ici qu'il se délassait de ses travaux en s'occupant de littérature, et que les Boileau, les Racine, les Bourdaloue lui composaient une petite cour. Quelques-uns de ces hommes, Boileau entre autres, avaient fréquenté l'hôtel de Rambouillet ; ils eurent vite fait la différence entre la préciosité, l'afféterie de celui-ci et la distinction naturelle de l'hôtel de Lamoignon. Bien que nos deux plus grands génies, Corneille et Bossuet, aient vu se lever devant le fameux aréopage l'aurore d'une impérissable renommée, on peut dire que les habitués de la chambre bleue étaient surtout les beaux esprits du temps ; ceux de la maison du président, c'étaient les beaux caractères. Aussi Boileau n'hésita pas, et si Molière plus tard se moqua des précieuses, Boileau s'empressa de les fuir.

Il était donc très assidu à l'hôtel de Lamoignon, et c'est à l'instigation du premier président qu'il composa le *Lutrin*. Dans le chœur de la Sainte-Chapelle, un gros pupitre ou lutrin se trouvait devant la place ordinaire du chantre. Celui-ci, las d'être ainsi caché par cette énorme masse, l'avait fait déplacer. Le trésorier du chapitre voulut le faire remettre. De là un différend, bientôt envenimé, que les chanoines de la Sainte-Chapelle vinrent soumettre à l'arbitrage de M. de Lamoignon. Boileau arrive sur ces entrefaites ; M. de Lamoignon lui raconte la chose, s'étonne comment de petits riens prennent souvent de grandes proportions, et dit en riant à son interlocuteur : « Mon cher Despréaux, voilà un sujet de poème. » L'esprit satirique du poète saisit la plaisanterie au vol ; il paria qu'il ferait le poème et composa en effet le *Lutrin*. C'est au président qu'il adresse ces paroles du premier chant :

> Et toi, fameux héros dont la sage entremise
> De ce schisme naissant débarrassa l'Eglise,
> Viens d'un regard heureux animer mon projet,
> Et garde-toi de rire en ce grave sujet.

On a même reproché à Boileau, dans cette bouffonnerie spirituelle qu'on nomme le *Lutrin*, de rompre, au quatrième chant, avec le caractère de l'ouvrage. Ce chant, plus sérieux en effet que les autres, ne semble composé que pour amener l'éloge de Guillaume de Lamoignon. Boileau met en scène un nouveau personnage. La Piété arrive du fond d'une chartreuse se plaindre à la Justice de ce que la Discorde et la Mollesse ont amené le trouble dans des lieux qui lui sont consacrés ; elle lui demande de mettre fin aux désordres dont une feinte vertu est le prétexte. La Justice renvoie la Piété au premier président, lui disant que là elle n'a qu'à parler ; c'est un cœur sur lequel elle règne sans conteste.

Chère et divine sœur, dont les mains secourables
Ont tant de fois séché les pleurs des misérables,
Pourquoi toi-même, en proie à tes vives douleurs,
Cherches-tu sans raison à grossir tes malheurs ?
En vain de tes sujets l'ardeur est ralentie :
D'un ciment éternel ton Eglise est bâtie,
Et jamais de l'enfer les noirs frémissements
N'en sauraient ébranler les fermes fondements.
Au milieu des combats, des troubles, des querelles,
Ton nom encor chéri vit au sein des fidèles.
Crois-moi, dans ce lieu même où l'on veut t'opprimer,
Le trouble qui t'étonne est facile à calmer,
Et, pour y ramener la paix tant désirée,
Je vais t'ouvrir, ma sœur, une route assurée ;
Prête-moi donc l'oreille et retiens tes soupirs.

Vers ce temple fameux, si cher à tes désirs,
Où le ciel fut pour toi si prodigue en miracles,
Non loin de ce palais où je rends mes oracles,
Est un vaste séjour des mortels révéré (1),

(1) L'hôtel du premier président était alors dans la cour du palais. Il est devenu la préfecture de police.

Et de clients soumis à toute heure entouré.
Là, sous le faix pompeux de ma pourpre honorable,
Veille au soin de ma gloire un homme incomparable,
Ariste (1), dont le ciel et Louis ont fait choix
Pour régler ma balance et dispenser mes lois.
Par lui, dans le barreau, sur mon trône affermie,
Je vois hurler en vain la chicane ennemie :
Par lui la vérité ne craint plus l'imposteur,
Et l'orphelin n'est plus dévoré du tuteur.
Mais pourquoi vainement t'en retracer l'image ?
Tu le connais assez : Ariste est ton ouvrage ;
C'est toi qui le formas dès ses plus jeunes ans ;
Son mérite sans tache est un de tes présents,
Tes divines leçons, avec le lait sucées,
Allumèrent l'ardeur de ses nobles pensées,
Aussi son cœur, pour toi brûlant d'un si beau feu,
N'en fit point dans le monde un lâche désaveu ;
Et son zèle hardi, toujours prêt à paraître
N'alla point se cacher sous les ombres d'un cloître.
Va le trouver, ma sœur. A ton auguste nom
Tout s'ouvrira d'abord en sa sainte maison.
Ton visage est connu de sa noble famille.
Tout y garde tes lois : enfants, sœur, femme, fille.
Tes yeux, d'un seul regard, sauront le pénétrer ,
Et, pour obtenir tout, tu n'as qu'à te montrer.

Le président avait deux fils. L'aîné, François-Chrétien de Lamoignon, brillait, jeune encore, dans la charge de conseiller au Parlement; il occupa ensuite pendant vingt-cinq

(1) Guillaume de Lamoignon.

ans celle d'avocat général. Doué d'une éloquence sobre, facile, d'un esprit étendu, d'un air noble, d'une voix agréable et forte, il fut un de nos plus grands avocats généraux. Passionné pour la littérature, il devint membre de l'Académie des inscriptions et belles-lettres. Il reçut chez lui, comme son père, l'élite des écrivains du temps et compta parmi ses amis Bourdaloue, Regnard, Racine, Boileau. C'est à lui que ce dernier adresse sa sixième épître.

Oui, Lamoignon, je fuis les chagrins de la ville,
Et contre eux la campagne est mon unique asile.

Nous rappellerons surtout la dernière partie; elle montre combien le poète aimait le séjour de Basville, mais aussi comment, moins vertueux que la famille de Lamoignon et pratiquant moins l'abnégation, il avait plus de peine à voir les importuns gâter le plaisir dont il y jouissait.

Ne demande donc plus par quelle humeur sauvage,
Tout l'été, loin de toi, demeurant au village,
J'y passe obstinément les ardeurs du Lion
Et montre pour Paris si peu de passion.
C'est à toi, Lamoignon, que le rang, la naissance,

Le mérite éclatant et la haute éloquence
Appellent dans Paris aux sublimes emplois,
Qu'il sied bien d'y veiller pour le maintien des lois.
Tu dois là tous tes soins au bien de ta patrie ;
Tu ne t'en peux bannir que l'orphelin ne crie,
Que l'oppresseur ne montre un front audacieux ;
Et Thémis, pour voir clair, a besoin de tes yeux.
Mais pour moi, de Paris citoyen inhabile,
Qui ne lui puis fournir qu'un rêveur inutile,
Il me faut du repos, des prés et des forêts.
Laisse-moi donc ici, sous leurs ombrages frais,
Attendre que septembre ait ramené l'automne
Et que Cérès contente ait fait place à Pomone.
Quand Bacchus comblera de ses nouveaux bienfaits
Le vendangeur ravi de ployer sous le faix,
Aussitôt ton ami redoutant moins la ville
T'ira joindre à Paris pour s'enfuir à Basville.
Là, dans le seul loisir que Thémis t'a laissé,
Tu me verras souvent, à te suivre empressé,
Pour monter à cheval rappelant mon audace,
Apprenti cavalier, galoper sur ta trace.
Tantôt sur l'herbe assis, au pied de ces coteaux
Où Polycrène (1) épand ses libérales eaux,
Lamoignon, nous irons, libres d'inquiétude,
Discourir des vertus dont tu fais ton étude,
Chercher quels sont les biens véritables ou faux,
Si l'honnête homme en soi peut souffrir des défauts,
Quel chemin le plus court à la gloire nous guide,
Ou la vaste science, ou la vertu solide.

(1) Fontaine à une demi-lieue de Basville, ainsi nommée par feu M. le premier président de Lamoignon (note de Boileau).

C'est ainsi que chez toi tu sauras m'attacher.
Heureux si les fâcheux, prompts à nous y chercher,
N'y viennent point semer l'ennuyeuse tristesse ;
Car, dans ce grand concours d'hommes de toute espèce
Que sans cesse à Basville attire le devoir,
Au lieu de quatre amis qu'on attendait le soir,
Quelquefois, de fâcheux arrivent trois volées
Qui du parc à l'instant assiègent les allées.
Alors sauve qui peut! et quatre fois heureux
Qui sait, pour s'échapper, quelque antre ignoré d'eux!
. . . .

Situé dans la charmante vallée de l'Orge, qui depuis Arpajon jusqu'à Dourdan offre tant de sites et de points de vue remarquables, le domaine de Basville était en effet un agréable séjour. Boileau pouvait le chanter, Racine, Regnard pouvaient s'y plaire. Le parc, d'une étude de deux cent cinquante hectares, était fort beau ; il présentait surtout deux curiosités géologiques assez intéressantes : c'étaient les buttes de Basville composées de sable et de roches de grès ; l'une d'elles appelée butte Saint-Nicolas a cent cinquante-deux mètres d'altitude ; l'autre, nommée butte Sainte-Catherine, a cent quarante-cinq mètres. Elles sont couvertes de sapins, ce qui exagère encore leur hauteur dans le paysage ; on les découvre de fort loin, et du sommet de la butte Saint-Nicolas, surtout, on jouit d'un panorama magnifique.

Ce domaine fait partie aujourd'hui du dé-partement de Seine-et-Oise, et de la commune de Saint-Chéron, à trente-huit kilomètres au sud-est de Rambouillet.

Ajoutons que Bourdaloue, quand il y sé-journait quelque temps, faisait le catéchisme aux enfants du village.

Le second fils du président, M. de Basville, faisait déjà partie du conseil du roi, et on ju-geait par ses commencements qu'il serait capable de remplir les plus grands emplois. Il devint plus tard maître des requêtes, puis occupa successivement les intendances de Montauban, de Pau, de Poitiers, de Mont-pellier et resta trente-trois ans dans ce der-nier poste. Il a laissé des *Mémoires pour ser-vir à l'histoire du Languedoc*.

Les deux frères avaient épousé des héri-tières aussi riches en qualités sérieuses qu'en biens de fortune.

N'oublions pas de mentionner leurs sœurs. L'une d'elles épousa le comte de Broglie, hé-ritier des biens et de la valeur de son père, grand guerrier devant l'Eternel ; et elle mé-

rita elle-même, par ses vertus, d'être compa-
rée à la femme forte de l'Ecriture. L'autre fut
mariée à M. de Harlay, alors procureur général et qui remplit ensuite avec éclat la place
de premier président après son beau-père et
son aïeul. M. de Harlay fut un des hommes
les plus considérés de son temps, et on le
trouve, chose rare, loué par tous ses contem-
porains. Il était le frère de Mgr de Harlay de
Champvallon, qui fut archevêque de Paris.
Ami de la Fontaine, il s'était chargé d'élever
le fils du poète. Lorsque, en 1671, Mme de Harlay tomba malade de la petite vérole, son
mari s'enferma avec elle; Mme de Miramion,
la garde-malade attitrée de tous ses amis qui
souffraient, vint aussi la soigner et ne la
quitta qu'à la mort.

La sœur de Madeleine avait trois fils. L'un
d'eux fut Henri de Nesmond, archevêque de
Toulouse; l'aîné entra dans la parenté de
Mme de Miramion en épousant sa fille.

Elevée par la forte et sainte femme que fut
Mme de Beauharnais de Miramion, la jeune
Marie joignait à une beauté peu ordinaire, le
prestige d'un beau nom et d'une grande fortune. Aussi les premiers seigneurs de la cour

briguèrent-ils l'honneur de son alliance dès
que sa mère l'eut fait paraître dans les salons
du Luxembourg. Mme de Miramion désirait
avant tout, dans la famille à laquelle elle con-
fierait son enfant, de longues traditions d'honneur, des habitudes de vertus. Veuve depuis l'âge de seize ans, elle avait consacré sa
vie à Dieu et aux bonnes œuvres ; elle attendait de l'établissement de sa fille plus de
liberté encore, mais elle voulait la sentir en-
tourée d'exemples qui continuassent les siens.
Depuis plus de dix ans, elle était intimement
liée avec Mme de Nesmond et avec Madeleine ;
les mêmes préoccupations les réunissaient
fréquemment ; aussi accepta-t-elle avec bonheur les ouvertures qui lui furent faites pour
le fils de la première.

« Le 22 juin 1660, dit d'Hozier dans l'*Ar-
morial de France*, Mlle Marie-Marguerite de
Beauharnais de Miramion épousa à Paris,
Messire Guillaume de Nesmond, chevalier,
seigneur de Saint-Dizan, conseiller du roi,
maître des requêtes. »

La jeune fille avait refusé les riches présents que voulait lui faire son fiancé, et lui avait
proposé, au lieu d'acheter de nouvelles pier-

reries, de donner mille louis (24.000 francs) aux pauvres de Paris. Cette demande fut accordée. Marie de Miramion n'avait pas encore quinze ans accomplis; mais son intelligence et sa sagesse étaient au-dessus de son âge; elle le prouva par la conduite admirable qu'elle sut tenir dans la famille de son mari, avec laquelle elle habita.

L'hôtel de Nesmond, bâti en retrait au fond d'une cour et flanqué de deux ailes, s'élevait à l'angle du quai de la Tournelle et de la rue des Bernardins, en face du pont de l'Archevêché. Un souvenir consigné par Saint-Simon dans ses mémoires se rattache à cet hôtel. « Mme la présidente de Nesmond, dit-il, est la première femme de son état qui ait fait écrire sur sa porte : Hôtel de Nesmond. On en rit; on s'en scandalisa, mais l'écriteau resta, et il est devenu le père de tous ceux qui, d'après son exemple, ont ensuite inondé Paris. » Nous ajouterons que Saint-Simon n'aimait guère la fille de Mme de Miramion, d'abord parce qu'elle était dévote, ensuite parce qu'elle était bien vue de Mme de Maintenon, qu'il détestait.

Après le mariage de sa fille, Mme de Miramion plus libre de suivre l'élan de sa charité, réalisa son projet de fonder une communauté pour le soin et le soulagement des pauvres. Ce fut la *Sainte-Famille*, établie d'abord rue Saint-Antoine. Mais lorsque, peu de temps après, on la supplia de réunir à ce petit noyau les *filles de Sainte-Geneviève*, fondées par Mlle de Blosset pour l'instruction des enfants pauvres, elle se vit obligée de quitter sa maison de la rue Saint-Antoine, et voulut se rapprocher de sa fille. Elle acheta deux maisons contiguës, qui se trouvaient à vendre dans le voisinage de Mme de Nesmond, près de l'église Saint-Nicolas du Chardonnet. Ces maisons occupaient sur le quai de la Tournelle un espace considérable ; elles n'étaient séparées de l'hôtel de Nesmond que par un corps de bâtiment appartenant à l'évêque de Bayeux, frère du président de Nesmond, qui le vendit quelques années plus tard à Mme de Miramion.

La jeune Mme de Nesmond n'eut pas d'enfants ; elle avait toujours été d'une santé délicate, et vers la fin de l'année 1679, elle tomba si dangereusement malade de la poitrine que les médecins annoncèrent sa mort prochaine.

Grâce sans doute aux ardentes prières de sa mère, elle guérit. Mme de Sévigné relate cette guérison dans une lettre écrite de Livry le mercredi, jour de la Toussaint 1679 : « Je vis l'autre jour cette petite Mme de Nesmond ; elle a été malade à l'extrémité, de la poitrine. Elle revient à vue d'œil, avec du lait d'ânesse le soir et le matin. Elle avait une toux qui lui ôtait la voix. Je ne vous dis pas d'en prendre, puisqu'il vous est contraire, mais je me plains comme d'un très grand malheur que vous soyez privée d'un si salutaire remède. »

Il paraît que la froide Mme de Grignan s'émut un peu et témoigna sa joie du retour à la vie d'une personne avec qui, du reste elle était liée d'amitié, car le mercredi 15 décembre, nous trouvons dans une lettre de Mme de Sévigné : « Je vous remercie de votre ligne pour M. et Mme de Nesmond. »

On ne saurait mieux montrer combien ce mariage de Guillaume de Nesmond avec Marie de Miramion fut heureux et chrétien qu'en relevant les lignes suivantes, écrites trente-six ans plus tard dans son testament par Mme de Miramion.

Après avoir recommandé à son gendre ses

œuvres et sa communauté, elle ajoute : « Je ne puis m'empêcher de témoigner ma reconnaissance à Dieu de m'avoir donné pour gendre M. le président Nesmond, qui a eu pour moi toutes les bontés, au delà de ce que j'aurais pu souhaiter ; je l'en remercie de tout mon cœur.

« Pour ma très chère et unique fille, je n'ai jamais reçu aucun mécontentement d'elle, mais au contraire une sincère amitié et complaisance, cherchant toujours ce qui pourrait me plaire. Je ne finirais pas si je disais tout ce que je sens. Je prie Dieu de tout mon cœur qu'il le leur rende à tous deux, en ce monde et en l'autre vie. »

On sait que cette femme remarquable, une des plus grandes figures de son temps, fut surnommée la mère de l'Eglise, la grande aumônière du XVIIe siècle. Elle mourut âgée de soixante-six ans, en mars 1696, par conséquent bien après Mlle de Lamoignon.

CHAPITRE XX

Deuils successifs.

S i privilégiée que soit une famille sous le rapport de la vertu, de la réputation, de l'honneur et de la fortune, il est un hôte qu'elle ne peut empêcher de frapper de temps en temps à sa porte : cet hôte, c'est la mort. Avant d'entrer dans la série des deuils qu'elle infligea à Madeleine, nous dirons quelques mots d'un événement qui eut trop de retentissement à cette époque pour ne pas trouver place ici.

On connaît l'histoire de Fouquet ; on sait que, si les désordres du temps excusent jus-

qu'à un certain point cet homme d'un caractère aimable et généreux ; si son esprit vif et
brillant, son amour des lettres et des arts lui
avaient valu des amis qui lui restèrent fidèles
dans le malheur, sa vanité, ses succès, son
luxe insolent lui avaient attiré des inimitiés
plus nombreuses encore. On résolut de le
perdre. A tort ou à raison il fut accusé de di-
lapidations coupables, et à l'époque où nous
sommes, son procès, commencé depuis trois
ans déjà, passionnait tous les esprits. La haute
société en suivait les péripéties avec un
anxieux intérêt. La conduite de ses ennemis,
dont plusieurs étaient ses juges, dénotait tant
d'hostilité que d'autres, à ce spectacle, prenaient parti pour lui sans même se rendre
compte s'il était coupable ou non. En 1664,
ce procès devait être jugé en dernier ressort
devant la grand'chambre du parlement. M. de
Nesmond, beau-frère de Madeleine, siégeait
comme second président. Parmi les juges de
la chambre de justice se trouvait M. Pussort,
oncle du président de Nesmond, et l'un des
plus acharnés ennemis de Fouquet. M. de
Nesmond, qui aurait pu le récuser, ne le fit
pas. Il en conçut bientôt tant de regret et de

chagrin qu'il tomba malade. Un érysipèle à la tête l'emmena le 29 novembre 1664. Mme de Miramion. mère de sa belle-fille, vraie sœur de charité habituée aux malades, vint joindre ses soins à ceux de sa famille; elle fut chargée de lui annoncer que tout espoir était perdu et de le préparer à la mort, car il paraissait uniquement préoccupé du sort de ce malheureux Fouquet, dont le procès le mettait au tombeau.

« Le bruit courut alors, dit Conrart dans ses *Mémoires*, que dans son testament il chargeait ses héritiers de demander pardon pour lui à M. Fouquet et à sa famille de ce qu'il avait opiné contre la récusation qu'avait faite le surintendant de MM. Voisin et Pussort, disant qu'il avait émis cette opinion pour sauver leur honneur, mais d'après l'assurance qui lui avait été donnée qu'ils se récuseraient eux-mêmes aussitôt que la chambre aurait prononcé en leur faveur. »

Ce bruit fut aussi confirmé par une lettre de Mme de Sévigné à M. Arnaud de Pomponne en date du 3 décembre 1664 : « On dit que M. de Nesmond a témoigné en mourant que son plus grand déplaisir était de n'avoir pas voté la récusation de ces juges ; que, s'il avait été à la fin du procès, il aurait réparé cette faute, et qu'il priait Dieu de lui pardonner celle qu'il avait faite. »

Pour ce qui est de la famille du surintendant, on sait que sa sainte mère voyait trop la main de Dieu, cause première et surnaturelle, dans le déploiement de toutes les causes secondes, pour ne point accorder le pardon réclamé par M. de Nesmond. Quand elle avait appris l'arrestation du surintendant, elle s'était jetée à genoux en disant : C'est maintenant, mon Dieu, que j'espère le salut de mon fils. »

Quelle avait été, à propos de cette affaire la conduite de Guillaume de Lamoignon ? Plusieurs fois déjà il avait eu des démêlés avec Fouquet au sujet de ses énormes dépenses. Cependant, au moment du procès, il s'abstint autant qu'il le put de présider le parlement, et n'y assista pas le jour où la sentence fut rendue. Ses amis le pressant de reprendre sa place dans l'assemblée, il répondit : *Lavavi manus meas... quomodo inquinabo eas !* Il reconnaissait la culpabilité de Fouquet, mais il désapprouvait l'acharnement avec lequel Colbert voulait précipiter l'arrêt contre un homme qu'il détestait.

Les *Mémoires* de Conrart mentionnent encore que, le lendemain de la mort de son beau-frère, M. le premier président de Lamoignon fit de grand matin nommer son neveu, fils du défunt président, en présence de MM. les présidents Lecoigneux et de Mesmes. Cela se fit avec précaution, à cause du fils aîné du président de Longueil des Maisons qui désirait aussi cette place.

La présidente de Nesmond, malade déjà depuis longtemps, ne survécut que peu de jours à son mari. Sa perte causa un violent chagrin à Madeleine, car elle aimait beaucoup sa sœur, bien qu'elles fussent toutes deux de caractères fort différents. La présidente reproduisait surtout la vertu calme et tranquille de sa mère; Madeleine était plus vive, plus agissante; mais une piété sincère leur servait de trait d'union.

Mme de Nesmond, cependant, n'avait pas seulement exercé dans son intérieur l'apostolat de la mère de famille. Tout en s'occupant admirablement de l'éducation de ses enfants, du soin de ses domestiques, elle avait visité pendant trente ans les pauvres de la paroisse Saint-Nicolas. L'abbé Ferret, curé de cette paroisse, et supérieur des filles de Sainte-Geneviève qu'on appela plus tard les Mira-mionnes, confia le soin de ces pauvres à Mme de Miramion, et la sainte femme ajouta aux charges qu'elle avait déjà celles qui lui venaient de sa vieille amie.

Les mémoires du temps rapportent que Madeleine eut le pressentiment de cette mort. Passant un jour en voiture dans la rue Saint-Jacques, elle fit arrêter son carrosse devant Saint-Etienne des Grès, et entra dans l'église afin de prier Dieu devant une image de Notre-Dame, à laquelle la tradition attribuait beaucoup de grâces. Depuis quelques instants absorbée dans un profond recueillement, elle répandait son cœur aux pieds de la Mère de miséricorde, quand elle crut entendre une voix lui demander le sacrifice de son amitié pour sa sœur ; la persuasion que Dieu rappelait cette sœur à lui s'empara en même temps de son esprit. Vainement elle essayait de chasser cette pensée contre laquelle sa tendresse se révoltait ; l'idée prenait de la consistance et persistait toujours comme si elle eût demandé un signe d'acquiescement. Il lui fallut faire appel à toute la vivacité de sa foi pour murmurer un *Fiat* plein de résignàtion. Peu de temps après, en effet, Mme de Nesmond quittait la terre.

Un autre sacrifice devait être demandé à Madeleine. En 1677, le premier président mourait à son tour. Voici en quels termes les gazettes du temps relatent cet événement :

« Messire Guillaume de Lamoignon, premier président du parlement de Paris, mourut ici la nuit du jeudi 9 décembre au vendredi 10, âgé de soixante et un ans. La perte de ce grand magistrat, dont la piété singulière, l'attachement inviolable au service du roi, l'intégrité incorruptible et le savoir profond sont si connus dans le royaume, est extrêmement sensible, et il est universellement regretté. »

Le père Bouhours écrit à M. de Bussy le 4 janvier : « Vous jugerez aisément par vousmême combien la mort de M. le premier président nous a accablés. C'est un coup de foudre plus surprenant et plus terrible que le coup de canon qui emporta M. de Turenne. Il n'est pas étrange, après tout, qu'un homme de guerre soit frappé plutôt qu'un autre ; mais qu'un homme plein de santé et qui n'est pas vieux, meure tout d'un coup d'un transport au cerveau sans qu'on en voie aucune cause, c'est ce qui paraît effroyable. »

Au même M. de Bussy, le père Rapin écrit : « Il est vrai, monsieur, que cette mort est un coup de tonnerre pour la famille et les amis du grand homme que nous pleurons ; mais c'est un coup dè grâce pour lui. Il y avait deux ans qu'il se préparait à mourir ; il fit son testament l'année dernière à Basville ; il ne lisait de livres que ceux qui parlent de la mort ; il écrivit à mesdames ses filles de Sainte-Marie, cinq semaines avant que de mourir, une lettre qui est une vraie prophétie de mort. A l'ouverture qu'il fit au parlement trois semaines avant de mourir, ce fut un discours sur ce qu'on ne pensait pas à la mort, quoique depuis deux ans il se portât mieux qu'il ne le faisait auparavant. Les médecins disent que la cause de sa mort fut la maladie de la pierre qui occasionna un transport au cerveau, car il ne se sentit presque pas mourir. Mais ce n'est pas cela, Monsieur, c'est que Dieu est en colère contre nous ; nous n'étions pas dignes, dans le misérable siècle où nous vivons, de posséder plus longtemps un si grand homme, car il n'y eut jamais une plus belle âme jointe à un plus grand esprit. Et enfin, Monsieur, le plus grand de tous les éloges, c'est que le peuple l'a pleuré, et chacun s'est plaint de sa mort comme de la perte d'un ami ou de celle d'un bienfaiteur. Pour vous, Monsieur, vous y avez perdu un ami tendre et sincère ; il vous connaissait pour un homme droit et d'un esprit extraordinaire, et il vous aimait parfaitement. Je pense à faire quelque chose qui puisse le faire connaître à ceux qui ne l'ont pas vu et à la postérité. Au nom de Dieu, Monsieur, aidez-moi de vos lumières ; vous l'avez connu et vous l'avez compris. Cette honnêteté, cette grandeur d'âme, cette sagesse, cette modestie, cet homme qui ne faisait point de fautes parmi les écueils du palais et de la cour, car vous connaissiez tout cela, ayez la bonté d'en faire quelques réflexions et de me mander vos pensées ; vous devez cela à l'amitié que vous aviez pour lui, à celle que vous me faites l'honneur d'avoir pour moi (1).

(1) Manuscrit de la Bibliothèque nationale.

Le 18 février 1679, Mme de Miramion, en amie fidèle de la famille, fit célébrer pour lui un service solennel en l'église Saint-Nicolas du Chardonnet, et Fléchier, qui était alors précepteur du fils de M. Caumartin, cousin de Mme de Miramion, prononça l'oraison funèbre.

« C'est une vérité, dit-il dans cette oraison, que la bonté, à proprement parler, est le caractère de Dieu seul.... Toutefois il s'élève dans tous les temps certaines âmes bienfaisantes qui, servant comme d'instruments à cette bonté souveraine, ne donnent d'autres bornes à leur charité que celles qui ont été données par Dieu à leur pouvoir. Tel était M. de Lamoignon. Près des murs de cette ville royale s'élève un superbe édifice (l'hôpital général); c'est là que la faim est rassasiée, que la nudité est revêtue, que l'infirmité est guérie. La ferveur qu'on a d'abord pour les nouveaux établissements, l'honneur qu'on se fait d'avoir part aux grandes œuvres de piété, tout contribua d'abord à former cette sainte maison. Mais elle fut bientôt ébranlée et l'on vit tarir les principales sources de la charité. M. le premier président, par le droit

de sa charge et plus encore par sa propre inclination, entreprit de maintenir un ouvrage
que son prédécesseur avait commencé avec
tant de succès.

« Quel soin ne prit-il pas de chercher des
fonds dans un temps où la misère était augmentée, et la charité refroidie ! Quelle application n'eut-il pas pour établir la discipline
parmi cette troupe de mendiants renfermés !
Quel ordre ne donna-t-il pas pour les accou-
tumer au travail et à la piété ! Il ne s'arrêta
pas à la protection ; il passa jusqu'aux assis-
tances effectives, et il joignit à son crédit ses
propres aumônes.... Il consacra ce qu'il retirait tous les ans du service du palais à la subsistance des pauvres. Il n'était pas content de
leur avoir distribué du pain s'il ne l'avait gagné
lui-même. Il ne leur offrait pas les restes de sa
vanité et de sa fortune, mais les fruits de ses
propres mains.... Cette portion de son bien
lui était sacrée ; il y mettait son cœur comme
à son trésor. »

Nous citerons encore un autre éloge dé-
cerné au président par un des orateurs du
grand siècle. C'était quelques jours après sa
mort. Le père Bourdaloue prêchant un ser-

mon sur l'aumône dans une assemblée de charité, profita de cette occasion pour rendre
hommage à la mémoire de M. de Lamoignon.
Prenant pour texte les paroles de l'Evangile
qui montrent la nécessité de faire fructifier
les dons de Dieu, il avait ajouté : Qui pensez-
vous que peut être ce serviteur prudent et fidèle ? Et il continua ainsi son exorde :

« Je pourrais, chrétiens, si la douleur toute
récente me le permettait, rappeler ici à vos esprits une idée sensible de ce serviteur prudent
et fidèle dont l'Evangile nous parle aujour-
d'hui. Dieu nous en avait mis devant les yeux
un rare exemple, bien plus capable que mes
paroles de vous édifier, si nous avions mérité
de le conserver plus longtemps. Ce grand et
illustre magistrat qu'une mort aussi prompte
que douloureuse vient de nous ravir ; cet
homme, l'honneur de son siècle, l'ornement
de sa condition, l'appui et le soutien de la justice, le modèle vivant de la probité, l'amour
de tous les gens de bien ; cet homme parfaitement chrétien, et encore plus recomman-
dable par sa religion que par toutes les éminentes qualités dont la nature l'avait enrichi ;
cet homme qui sut si bien accorder la grâce

de la modestie avec l'élévation de sa dignité, la douceur de son esprit avec la fermeté de son ministère, les vertus qui le faisaient aimer avec celles qui, malgré lui-même, le faisaient révérer et admirer; cet homme enfin dont le nom ne mourra jamais et qui vient de s'ensevelir dans la bénédiction des peuples, c'est celui que je pourrais vous proposer comme la parfaite image du serviteur fidéle de l'Evangile, puisqu'il n'y a personne de vous qui ne lui rende ce témoignage qu'il a été par profession, par inclination, par choix de Dieu et par élection, le père des pauvres; puisque l'un des caractères par où il s'est distingué, est d'avoir chéri les pauvres comme ses enfants et comme sa propre famille; puisque ni l'éclat ni la foule de ses importantes occupations ne lui ont jamais ôté un moment de cette application infatigable qu'il a eue pour le bien des pauvres; puisqu'il n'y a point de maison ni d'établissement de pauvres qui n'ait été l'objet de son zèle et qui n'en ait ressenti les effets; puisque les pauvres eux-mêmes par leurs larmes et leurs gémissements protestent avoir perdu un protecteur comme ils craignent de n'en pas retrouver. Je pourrais, dis-je, pour l'exécution de mon dessein, vous retracer l'idée de cet homme incomparable, et l'éloge que je ferais de sa personne ne serait qu'une reconnaissance publique que vous confesseriez lui être due. Mais mon regret particulier (car combien en particulier me doit être, non seulement vénérable, mais précieuse et chère, sa mémoire), ma douleur très vive et très sincère m'empêche de vous en dire davantage et de m'expliquer autrement que par mon silence. Suspendons pour quelques moments les réflexions que nous aurions à faire sur une perte que nous ne saurions assez pleurer, et, pour bien comprendre ce que c'est, dans la maison de Dieu, qu'un serviteur fidèle, adressons-nous à la Vierge qui prit la qualité de servante du Seigneur, au temps même qu'elle en fut déclarée la mère. »

La mort du président était une grande perte pour Madeleine; elle avait recours aux lumières de son frère dans mille difficultés; lui-même, malgré son habileté, prenait parfois les avis de la pieuse fille. Elle se retira quelque temps à la Visitation; mais comme, à force de marcher dans la vie, l'âme finit par s'épurer et par ne voir plus que le ciel, elle montra, malgré son chagrin, plus de fermeté qu'elle n'en avait montré en d'autres circonstances. « Si la volonté de Dieu, disait-elle, est que j'achève dans l'isolement, le reste de ma course, je ne voudrais pas racheter la vie de mon frère d'un seul cheveu de ma tête. »

Comme saint Ambroise après la mort de son frère, elle aussi regardait le ciel et aspirait après le jour où elle serait assez pure, disait-elle, pour aller y rejoindre ceux qu'elle avait aimés. Pendant les dix années qu'elle vécut encore, son âme, montant de degré en degré, acquit en effet une beauté plus grande; son amour pour les malheureux ne diminua pas; elle se montrait aussi empressée pour eux à soixante-dix-sept ans qu'à trente ans.

Elle continua d'habiter chez son neveu, et si quelque chose eût été capable d'exciter la jalousie entre M. de Lamoignon et M. de Basville, c'eût été justement la possession d'une tante que tous deux vénéraient.

CHAPITRE XXI

La racine des œuvres. — Foi. — Confiance en Dieu.—
Piété. — Humilité. — Douceur. — Patience.

’EST à leurs fruits que vous les re-
connaîtrez : cueille-t-on des rai-
sins sur des épines, ou des figues
sur des ronces ? Parole essen-
tiellement vraie, puisqu’elle est simplement
divine. Quand nous voyons que les fruits sont
bons, nous concluons que l’arbre est bon.
Mais si nous voulons étudier par quelles
nombreuses ramifications il puise dans le sol
es sucs nourriciers qui, soigneusement éla-
borés, font circuler en lui une abondante
sève, nous voici arrêtés ; la terre recouvre les

racines, et l'écorce voile le mystère de la plus riche circulation.

Il en est ainsi de la vie des justes. Les fruits, qui sont les œuvres, paraissent à nos yeux. Nous voyons par ces fruits que l'arbre est excellent; nous sentons que de telles œuvres ne sauraient être produites sans que l'âme ait jeté en Dieu ces profondes racines qu'on appelle vertus, et sans que de précieux canaux fassent circuler en elle cette sève divine que l'on nomme la grâce. Mais que nous sommes empêchés quand nous arrivons là! L'âme a ses mystères que recouvrent le silence et l'humilité. Le secret de la vie se dit à l'oreille d'un petit nombre, et parfois à personne. Pour le religieux dans un couvent, on trouve encore des traces indicatrices; la vie commune qu'il a menée avec ses frères a forcément initié ceux-ci à un bon nombre de vertus. L'âme qui, vivant en Dieu et pour Dieu, est restée au milieu du monde, offre moins de facilités à qui veut la connaître. Tantôt elle n'a pas trouvé autour d'elle d'âmes avec qui elle pût penser en commun; tantôt c'est son humilité qui lui a fait garder pour elle seule les secrets de son union avec Dieu

Quant au journal intime, aux confidences
pieuses jetées sur le papier, non seulement ce
genre d'effusion suppose des heures de loisir
qui sont données à bien peu, mais il suppose
aussi l'ordre de quelque supérieur. Ces retours
sur soi-même, s'ils ne sont pas l'effet de
l'obéissance, risquent de troubler l'humilité,
et nous habituent à trop nous appesantir sur
des pensées qu'il est mieux d'oublier. Rien
de semblable n'existe pour Madeleine de Lamoignon. Nul ordre de ce genre, paraît-il, ne lui
fut jamais donné, et cela ne nous étonne point
de la part de l'humble et simple personnage
que fut Vincent de Paul. Quant au temps, on
comprend assez qu'elle n'en devait pas avoir
de reste. Nous nous bornerons donc, pour
exposer sa vie intérieure, à prendre le peu que
nous trouverons, sans nous dire que nous
avons le dernier mot de la beauté de son âme.

Sa foi était vive, ardente, mais n'allait pas
sans tentations. Contrairement à beaucoup de
chrétiens qui adhèrent aux mystères de la religion plutôt par indifférence que par docilité,
elle avait souvent à combattre une vivacité
d'esprit naturelle qui s'échappait malgré elle
en saillies et en objections; mais elle captivait

aussitôt cette imagination exubérante, et s'exerçant à produire des actes contraires aux imperfections qu'elle craignait, elle trouvait dans ces tentations mêmes un sujet de mérite.

Sa confiance en Dieu se prouve par les entreprises considérables dans lesquelles elle entra, et auxquelles il ne semblait pas, humainement parlant, qu'elle pût suffire. Plus d'une fois on lui reprocha sa témérité, et souvent même avec aigreur, quand on prévoyait de nouvelles sollicitations. « Comment pourrions-nous craindre de manquer de fonds, disait-elle avec douceur; n'avons-nous pas ceux de la Providence? » Et, de fait, il y eut des circonstances où les ressources qui surgissaient, paraissaient tenir du miracle.

L'amour du prochain découle de l'amour de Dieu; la charité immense dont nous l'avons vue donner des preuves pour le prochain suppose donc pour Dieu une charité sans bornes. Sa piété était grande, en effet. Elle disait souvent qu'elle aurait servi Dieu seulement par amour, parce qu'il mérite qu'on le serve, quand bien même Dieu n'eût pas attaché d'autre récompense à son service. Elle cherchait sa gloire en tout, et le zèle qu'elle faisait paraître pour le salut des âmes n'avait d'autre but que de la procurer.

Elle donnait chaque matin deux heures à la prière et à la méditation, y compris l'assistance à la messe. « C'est ma provision, disait-elle, car, bien que j'aie l'intention de prendre d'autres instants de recueillement le long de la journée, ma bonne intention en reste souvent là. « Dans le jour, en effet, elle consacrait à la prière ou à de pieuses lectures tous les instants qui n'étaient pas employés au service des pauvres, mais ces instants se faisaient rares, et à certains jours la lecture interrompue une fois, deux fois, ne pouvait jamais se reprendre. L'unique remède à cet état de choses était de ne jamais perdre la présence de Dieu, de tenir constamment sa volonté suspendue à la sienne ; c'est ce qu'elle faisait au milieu des occupations nombreuses, des dérangements incessants, des démarches précipitées, et elle arrivait par ce moyen à faire de sa vie une prière, une offrande continuelle.

C'était le secret aussi de l'inaltérable douceur qu'elle gardait au milieu des contrariétés, des rebuts, des déboires qui venaient l'assaillir.

Lorsque, vers la fin de sa vie, il lui devint impossible de faire de longues méditations, et qu'elle dut également restreindre ses lectures, elle y suppléait par une ingénieuse coutume de s'aider de tout ce qu'elle voyait pour s'élever à Dieu. En tout elle admirait sa sagesse, sa perfection, et savait tirer d'utiles enseignements des plus petites choses. Par quelque sujet qu'elle eût débuté, sa conversation tournait bientôt vers le pôle où regardait son cœur et cherchait à procurer quelque gloire à Dieu. A la campagne surtout, quand elle parcourait les villages, elle parlait aux paysans de la bonté de Dieu avec tant d'affabilité qu'elle les portait à la dévotion, à leur insu, disaient-ils. Un des grands bonheurs de Madeleine était d'orner les églises et les tabernacles ; soins et dépenses, rien ne lui coûtait pour cela.

Son recueillement était tel pendant la sainte messe qu'il inspirait du respect aux moins dévots, et les pénétrait en quelque sorte de la grandeur du mystère qui s'accomplissait. Malgré la vivacité de son imagination et les nombreuses affaires qui d'habitude occupaient son esprit, elle avait ce bonheur d'être tout

entière au saint sacrifice, à la prière, à la mé-
tation ; les soucis accoutumés, laissés à la porte
de l'église, ne venaient point la troubler, la
distraire.

Dans la dernière partie de sa vie elle com-
muniait tous les jours et n'apportait pas moins
de préparation à la sainte communion que si
elle l'eût faite rarement. Elle se confessait
chaque semaine, et souvent il lui arrivait de
pleurer ses fautes comme si elles eussent été
de grands crimes. Nous verrons que l'inquiétude, la crainte était un des traits de son caractère. Mais dans son esprit, elle regardait
véritablement ces fautes comme des crimes,
eu égard aux grâces nombreuses dont elle
était prévenue ; et c'était avec une conviction
profonde, sans croire le moins du monde
blesser la vérité, qu'elle s'avouait la plus
grande des pécheresses. Les confesseurs qui
ont laissé quelques écrits sur sa vie disent
que son humilité la poussait à s'accuser des
moindres fautes en des termes qui les auraient
fait paraître énormes si on ne l'eût pas
connue.

Enfant, jeune fille, plus avancée en âge, elle
avait toujours trop aimé Notre-Seigneur

Jésus-Christ pour n'avoir pas compris la grande leçon de son cœur : « Apprenez de moi que je suis doux et humble. » Car l'humilité chez elle fut bien une vertu. Douée d'une grande bonté, elle eût cependant manqué de douceur si elle se fût laissée aller à ses penchants naturels, car elle était d'un caractère prompt et même quelque peu fier. Son premier mouvement l'emportait vite et loin ; mais à force de se modeler sur le Sauveur, et de se pénétrer de l'esprit de son Evangile, elle arriva à se dépouiller tellement de cette nature et à y faire régner la grâce, que ceux qui la connurent seulement plus tard la croyaient douée naturellement d'une douceur inaltérable. Tel avait été saint François de Sales, ce premier initiateur de son âme à l'amour de Jésus.

Elle traitait ses domestiques plutôt en mère qu'en maîtresse, excusait toujours leurs fautes devant les autres, et les en reprenait personnellement avec tant d'affection qu'ils comprenaient bien qu'on agissait dans leur intérêt en cherchant à les corriger. Elle ne reculait pour eux devant aucune condescendance, aucune preuve de bonté, pourvu qu'ils remplissent bien leurs devoirs envers Dieu. Quelqu'un disait un jour au premier président : « Votre sœur aurait besoin d'une femme de plus à son service ; accablée d'œuvres comme elle l'est, il lui est difficile de s'occuper de sa propre maison et de l'entretien de son linge. — Ah ! répondit Guillaume de Lamoignon, elle a bien déjà assez de gens à servir ; mettre une personne de plus chez elle, ce serait augmenter sa tâche. »

Longtemps elle garda au lit une de ses femmes malades, et elle la servait comme une sœur. En vain lui conseillait-on de l'envoyer à l'hôpital ; cette personne ayant témoigné une grande répugnance à sortir de la maison, c'en fut assez pour que Madeleine se dévouât à la soigner. Elle fit la même chose avec plus de mérite encore pour une autre domestique à l'égard de qui elle ressentait une de ces antipathies naturelles que la grâce peut seule surmonter.

Quant à sa douceur et à sa patience vis-à-vis des pauvres, on comprend qu'elles sont hors de cause avec l'amour qu'elle leur portait. Que de choses à endurer cependant avec un certain nombre d'entre eux ! Les uns, aigris par la souffrance, sont devenus injustes ;

d'autres, révoltés par nature, sont toujours mécontents et envieux, quoi qu'on puisse leur faire ; d'autres répètent cent fois d'inutiles et longs racontages et vous font perdre un temps précieux ; mais Madeleine servait trop Dieu même, en les servant, pour s'inquiéter de leurs défauts personnels. Elle s'excusait auprès d'eux si ses domestiques, oubliant ses recommandations, les avaient mal reçus ; elle écoutait avec patience ces interminables doléances comme en font les malheureux, disant que cela leur soulageait le cœur, de trouver à qui se plaindre. Dans ses maladies même, elle parla quelquefois, pour les satisfaire et les consoler, jusqu'à cracher le sang.

Si, malgré tous ses soins, quelque caractère ombrageux restait mécontent d'elle et se laissait aller à des paroles peu respectueuses ou à des reproches, elle redoublait de bonté et de délicatesse, craignant toujours que les fautes qu'ils commettaient ne fussent amenées par une faute à elle. Un jour qu'elle avait affaire dans le bureau d'une certaine administration, une femme grossière qui était à la porte et à qui on refusait l'entrée de ce bureau, voyant Mlle de Lamoignon recevoir la permission qu'elle n'obtenait pas, se répandit en injures contre elle, et, de son poing fermé, la poussa rudement. Les assistants indignés voulaient châtier cette malheureuse ; Madeleine s'y opposa, la prit au contraire en amitié, et eut soin désormais d'elle et de ses affaires.

Loin de se plaindre jamais qu'on lui manquât d'égards, elle était heureuse en effet quand elle trouvait dans ses œuvres de charité quelque occasion de pratiquer l'humilité, l'abnégation, et ceux qui avaient à se reprocher une insolence ou une calomnie contre elle étaient sûrs de se voir les premiers objets de son zèle.

Un jour, dans un village, on lui fait de grandes plaintes d'un paysan qui avait été marguillier de sa paroisse et s'était prévalu de sa charge pour vexer un grand nombre d'habitants. Madeleine, ne pouvant se résoudre à le condamner sans l'entendre, veut s'entretenir avec lui. Ce brutal, loin de justifier sa conduite, lui demande de quoi elle se mêle, la traite de fausse dévote, et comme souvent on a l'idée d'attribuer aux autres ce dont on est capable soi-même, il prétend que sa dévotion n'est qu'un prétexte dont elle se sert pour dominer partout. Il va plus loin dans sa folie, la menace de se plaindre à l'évêque de Chartres et de lui dire qu'elle usurpe l'autorité des grands vicaires en exigeant qu'on lui rende les comptes des fabriques du diocèse. Plus Madeleine parlait avec douceur, plus il élevait la voix et débitait tout un répertoire de paroles extravagantes. Il n'y avait qu'à le laisser dire et à s'en aller; c'est ce que fit Madeleine. Il aurait été facile pour une personne dans sa position de faire mettre à la raison un paysan sans appui et qui avait de véritables torts. Ce furent justement toutes les manières injurieuses dont il avait usé envers elle qui l'empêchèrent de rien faire pour cela; il lui eût semblé qu'elle se vengeait, et elle tenait à garder les sottises pour elle. Ayant appris que, si on citait ce malheureux homme en justice, il serait infailliblement ruiné, elle détourna de ce dessein, à force de prières, ceux qui l'avaient formé.

Mais la Providence a d'étranges combinaisons. Celui à qui on avait, par charité, épargné la justice humaine, tomba bientôt sous le coup de la justice divine. Le paysan perdit dans des entreprises hasardeuses son bien mal acquis, et une maladie longue et douloureuse acheva de le ruiner. Dans cette extrémité, on lui conseilla d'avoir recours à Mlle de Lamoignon. « Hélas ! dit-il, quelle apparence y a-t-il qu'elle me secoure après les démêlés que nous avons eus ensemble ! — Vous ne la connaissez pas, lui répondit-on ; c'est une raison pour elle au contraire de vous venir en aide. La honte cependant retenait le pauvre homme. Alors on avertit Mlle de Lamoignon ; elle se hâte d'accourir, amène un médecin, donne des remèdes, se montre pleine de bonté pour le malheureux. Cependant le mal, au lieu de céder, devient plus fort, et les médecins du pays ne savent qu'en dire. Madeleine fait porter cet homme à Paris, le soigne elle-même : toujours point de guérison. Elle se souvient alors qu'il y a au Louvre deux religieux médecins dont on raconte des cures extraordinaires ; elle y mène le malade jusqu'à cinq ou six fois dans son propre carrosse, le recommande avec tant d'instances que les médecins entreprennent de le guérir, et y réussissent. Après avoir soigné encore son malade pendant la durée de la convalescence, elle le fait reconduire chez lui.

Surpris d'abord, confus d'une bonté pareille, le pauvre homme en était arrivé à un degré d'enthousiasme facile à comprendre ; il ne parlait plus de Madeleine que comme d'une sainte ; et, peu instruit dans les choses surnaturelles, croyait impossible, disait-il, qu'il y eût, même en Paradis, une charité plus grande que la sienne. Quant à Madeleine, si on lui disait : « Mais que vous a donc fait cet homme, pour que vous vous donniez tant de peine avec lui ? — Je lui ai beaucoup plus d'obligation, répondait-elle, qu'il n'en a envers moi ; il m'a fait pratiquer l'humilité et la patience au plus haut point que je les aie pratiquées. »

C'était par vertu, nous l'avons dit, qu'elle en était arrivée là, car elle avait souvent beaucoup de peine à réprimer les mouvements d'impatience ou d'indignation de son cœur. Demander lui coûtait beaucoup et causa toujours des révoltes à sa nature ; et cependant il fallait sans cesse le faire, ses œuvres étaient trop étendues pour qu'elle y pût suffire. Ses amis lui conseillaient parfois de ne pas s'exposer au moins à certains rebuts et de choisir les portes où elle frapperait; mais le scrupule de faire tort ainsi de quelque chose aux pauvres l'emportait toujours dans son esprit sur la répugnance qu'elle éprouvait à se faire solliciteuse. La crainte d'avoir là-dessus quelque reproche à se faire en écoutant sa sensibilité naturelle lui faisait accomplir en sens contraire des prodiges d'abnégation, des actes souvent héroïques.

Un homme riche lui avait promis une fois une certaine somme d'argent pour ses pauvres. Regrettant ensuite sa parole, il fit l'impossible, soit pour se dérober à ses visites, soit pour la rebuter par mille obstacles quand elle le rencontrait. Il s'emporta une fois devant elle, lui disant de fort dures paroles; elle s'en alla ce jour-là, revint un autre jour comme si elle avait complètement oublié les saillies de sa mauvaise humeur; si bien qu'enfin, touché par la grâce divine et par la persévérance de Madeleine, le riche récalcitrant arriva à donner de bonne grâce ce qu'il regrettait d'avoir promis.

Une autre fois, le portier d'un personnage

également comblé des dons de la fortune refuse de la laisser entrer, lui disant que son maître va bientôt sortir. C'est en vain qu'elle insiste. Elle se résigne alors à attendre debout dans la cour et reste là deux heures exposée au froid. Au bout de deux heures, le personnage en question sort de sa maison, et se jette dans son carrosse, sans adresser seulement à la pauvre fille quelques mots de politesse. Elle avait gagné là un gros rhume qui dura longtemps. Ses amies lui reprochèrent non seulement de prodiguer sa santé, mais de faire trop bon marché de sa dignité en s'exposant à des rebuts qui ne produisaient rien. « Ah ! comme vous vous trompez ! leur dit-elle en riant ; s'ils ne produisent rien pour les pauvres, ils produisent beaucoup pour moi ; chacun son tour ; et même je risque peu pour avoir beaucoup ; c'est peu de chose que de me mépriser ; c'est beaucoup si on me donne de quoi empêcher les pauvres de mourir de faim. »

16

CHAPITRE XXII

Nous avons parlé de l'humilité de Madeleine ; comme on a souvent les défauts de ses qualités, nous pouvons rattacher à cette vertu les inquiétudes de conscience qui lui étaient habituelles. Elle était douée d'un bon jugement dans ce qui regardait les autres, car si on s'étonnait parfois de la voir refuser des secours à des personnes sur lesquelles beaucoup s'apitoyaient, on ne tardait pas à apprendre qu'il y avait dans leur fait une hypocrisie, une fainéantise qu'elle avait discernées. Elle possédait naturellement un sens droit, un esprit éclairé, une raison solide ; elle donnait souvent des conseils sensés et décisifs à des personnes qui se trouvaient dans les mêmes dispositions qu'elle et qui lui faisaient leurs confidences ; mais elle semblait perdre complètement cette sûreté de coup d'œil pour ce qui la regardait. Mystérieuse disposition de la Providence, qui ne veut pas du reste qu'on se conduise soi-même, et qui, sans doute, la prémunissait ainsi contre le danger qu'auraient fait courir à son humilité les avantages de naissance et de position qu'elle tenait de sa famille aussi bien que ses propres vertus.

Avec son esprit vaste, ardent, porté à de grandes entreprises, la présomption et la vanité eussent été peut-être aussi à craindre que l'étaient l'impatience et le ressentiment. Dieu la préserva de ces vices par la crainte de ses jugements. Elle appréhendait dans toute entreprise les illusions de l'amour-propre et prenait toujours conseil avant de rien entreprendre. Elle se défiait de ses lumières, voyait souvent des sujets de confusion dans ce qui semblait aux autres des sujets de louanges. Quels que fussent son ardent désir de servir Dieu et l'application qu'elle mettait à toutes ses œuvres, elle s'imaginait toujours qu'il y avait de sa faute quand elle ne réussissait pas ; et, s'attirait-elle au contraire les louanges des hommes, son inquiétude était plus grande, car elle craignait de n'avoir pas assez travaillé pour Dieu seul.

Son grand scrupule dans la distribution des aumônes qu'on lui confiait était de donner peut-être à la mauvaise foi ce qui lui avait été remis en vue des vrais nécessiteux. Un jour, elle veut rendre compte au roi d'une somme qu'il lui a donnée. Louis XIV lui répond qu'il 'a assez confiance en elle pour se passer de rendement de compte ; il est persuadé qu'elle agit toujours pour le mieux. Ce témoignage de confiance la jette pour un certain temps dans une grande perplexité et lui cause de nouvelles inquiétudes, car elle craignait de ne pas le mériter.

On a remarqué souvent que, lorsqu'elle doutait, elle donnait plutôt de son bien aux personnes suspectes et réservait les dons d'autrui à des cas moins douteux.

Il n'était pas rare qu'elle s'accusât d'injustice alors que tout le monde admirait sa circonspection; de tiédeur, quand on enviait sa ferveur et sa mortification; de négligence, quand on louait son infatigable activité. Elle craignait de se laisser aller au respect humain, ou de perdre, à des choses qui ne seraient pas de première urgence, un temps qui aurait dû être consacré à des choses plus pressantes. Un jour elle revenait de consoler une de ses amies qui était dans la peine. Une autre personne de sa connaissance la rencontre, et lui fait observer qu'elle aurait mieux fait de s'occuper d'une certaine affaire qui leur était commune et demandait de prompts secours. Madeleine répond d'abord que consoler les affligés est également une œuvre de charité et que l'amitié véritable a bien aussi quelques droits à faire valoir; mais à peine a-t-elle quitté cette personne que le remords la prend; elle se dit que peut-être en effet elle a cherché là-dedans la satisfaction de son cœur et fait tort ainsi de quelque chose aux pauvres dont il s'agissait. De grand matin, le lendemain, elle va chercher la personne qui lui avait fait le reproche en question; toutes deux se rendent à Notre-Dame, où elles entendent la messe, y font, avec la permission du clergé de la paroisse, une quête pour ces malheureux, et portent ensuite les ressources qu'elles viennent de recueillir.

Elle opérait donc son salut avec crainte et tremblement, selon la parole de l'apôtre. Dieu lui ôtait la vue du bien qu'elle faisait, comme le sentiment de son mérite. Mais Dieu place toujours ici-bas le remède à côté du mal. Et, comme la seule ressource des âmes timorées, c'est d'être dirigées et d'obéir, Madeleine eut toujours le bonheur de posséder des guides sages et prudents. Si les saints qui l'avaient introduite dans la route du bien ne lui restèrent pas longtemps, elle trouva pour les remplacer des prêtres pieux et zélés qui la conduisirent par le même chemin et dans le même esprit. Après M. le curé de Saint-Josse, ce fut M. Aubry, chanoine de la Sainte-Chapelle, doué d'une grande autorité de parole en même temps que d'une ardente piété. La désolation de Madeleine fut grande quand elle le perdit. Dieu lui donna alors le Père Dubois, jésuite, qui dirigeait depuis longtemps la présidente de Harlay, son amie.

Hormis ces guides autorisés, à qui elle recourait dans ses désolations intérieures, nul

autour d'elle n'avait l'idée des perplexités qui
l'agitaient, du trouble où souvent elle était
jetée. Quelque souffrance intérieure qu'elle
éprouvât, elle s'efforçait de ne rien laisser
paraître, et agissait avec tout l'entrain qu'il
lui était possible de mettre dans ses actes,
« de façon, dit son biographe, qu'elle faisait
toutes choses comme si elle n'eût rien souffert, et souffrait comme si elle n'eût rien fait ».
Ce qui prouve le soin qu'elle mettait à cacher
ses peines intérieures, ce sont justement les
conseils que lui demandaient souvent d'autres
personnes qui se trouvaient dans le même cas
et qui la croyaient affermie et tranquille, vivant
sans orages et presque sans combats.

Les peines intérieures d'ailleurs n'étaient
pas si constantes qu'elles ne laissassent entre-
voir de temps en temps de délicieuses éclair-
cies. Quelques notes révèlent que Dieu ne
laissait pas ignorer à Madeleine la douceur de
son joug, l'onction de son amour. Elle avait
des périodes de calme, et surtout des moments
d'ineffables délices passés au pied de l'autel ;
mais les données laissées là-dessus sont trop
rares et trop vagues pour nous permettre de
pénétrer dans le sanctuaire intime de son

âme. Elle cachait le don de Dieu avec soin, et le mystère des divines familiarités restait le secret du roi, lequel secret ne se dit point.

Quand des personnes vouées au service de Dieu demeurent au milieu du monde, elles doivent, tout en poursuivant le vrai but de leur vie et en habitant dans les hauteurs de leur âme la région où Dieu se communique, elles doivent faire en sorte de ne pas rendre leur piété ridicule aux yeux du monde, mais de rehausser au contraire la gloire de leur Seigneur et Maître. Madeleine l'avait compris. Le temps lui permettait bien rarement d'apparaître dans la société choisie que fréquentait son frère, et de prendre part aux réunions qui avaient lieu à l'hôtel de Lamoignon. Mais lorsqu'une circonstance exceptionnelle se présentait, ou lorsqu'elle-même avait besoin de s'attirer la bienveillance de quelqu'un de ceux qui venaient là, elle paraissait dans ces réunions avec un charme et un air aisé qui étonnaient tous ceux qui ne la connaissaient pas encore. On se figurait qu'une « demoiselle d'âge », comme on disait alors, le titre de vieille fille étant moins en usage qu'aujourd'hui ; on se figurait qu'une dévote toujours dans les églises ou dans les hôpitaux, ne pouvait avoir que des vues bornées et un entretien monotone. Quand, au bout de quelques instants, on avait constaté son esprit facile, le tact avec lequel elle mettait la conversation sur ce qui plaisait aux autres, l'agrément qu'elle y répandait par quelques saillies enjouées, on était sous le charme. Deux hommes peu religieux qui étaient allés voir un jour le président de Basville, et qui se demandaient d'abord avec embarras quelle contenance ils allaient tenir devant sa tante, trouvèrent si naturellement la contenance voulue qu'ils devinrent les amis de la sainte fille et continuèrent de la voir; elle eut sur eux une grande influence et parvint à en faire d'aussi bons chrétiens qu'ils étaient honnêtes gens.

Dieu l'avait bien douée par nature, mais la piété prêtait certainement par l'élévation des pensées émises un charme que n'aurait pas eu la plus mondaine conversation. Madeleine avait le talent de porter à Dieu, nous l'avons dit; elle avait aussi celui d'adoucir les esprits, de faire tomber les haines. Souvent elle s'entremit pour des réconciliations et réussit presque toujours. On la vit une fois se jeter aux pieds d'un homme de basse naissance qui ne voulait pas pardonner une injure reçue. Sa colère opiniâtre avait jusque-là résisté à tous les efforts; quand il vit la peine véritable qu'en éprouvait Mlle de Lamoignon et les larmes qu'elle avait dans les yeux, il fut vaincu et se réconcilia avec son ennemi.

C'est que la charité de Madeleine était véritable et complète; elle venait de Dieu et cherchait à tout ramener à Dieu. Loin de ressembler à quelques fausses dévotes qui s'épuisent en bonnes œuvres et déchirent le prochain dans leurs conversations, elle défendait tout le monde et ne pouvait souffrir que l'on dît devant elle du mal de personne. Boileau fréquentant la maison de son frère et celle de son neveu, Madeleine l'y voyait quelquefois, mais elle lui reprochait d'employer à faire peine aux autres l'esprit que Dieu lui avait donné. « Vos satires blessent la charité, lui disait-elle; il ne faut médire de personne. — Mais, répliquait le coupable avec un petit air patelin, car il vénérait fort la sainte fille, me permettez-vous au moins de faire une satire contre le Grand Turc, cet affreux mécréant, ennemi mortel de notre religion? — Non Monsieur, non! c'est une tête couronnée, et on doit toujours respecter les souverains. — Eh bien! contre le diable? ah! vous me permettez bien de dire du mal du diable : il en fait assez. — Le diable, Monsieur, est assez puni sans que nous nous y mettions; occupons-nous seulement de ne dire du mal de personne pour ne pas l'aller trouver. » Boileau finissait par rire, et par dire (le pensait-il?) qu'il ne recommencerait pas.

La famille de Lamoignon exerça du reste sur le poète une heureuse influence, et s'il la louait dans ses vers, ce n'était point par des bassesses qu'on achetait ses flatteries. Citons-en un exemple. Grâce à de hautes protections, Boileau avait été pourvu d'un bénéfice ecclé-siastique, le prieuré de Saint-Paterne, dont il jouit pendant huit ans, sans bien se mettre en peine de faire un bon usage de ses revenus. Guillaume de Lamoignon, s'entretenant un jour avec lui, lui fit comprendre qu'en se con-duisant de la sorte, il ne pouvait pas garder le bénéfice; sa conscience, à défaut des lois, devait s'y opposer. Boileau le reconnut, remit sa démission entre les mains de l'évêque de Beauvais, et restitua les sommes qu'il avait touchées, sommes qui s'élevaient à six mille livres environ (1).

La vie cependant devenait triste pour la pauvre fille, car le vide s'était fait autour d'elle, comme il se fait autour de ceux qui n'ont pas créé une nouvelle famille. Ses parents et ses sœurs avaient quitté la terre; son frère même, plus jeune qu'elle, l'avait précédée dans la tombe; les grands saints, premiers directeurs de sa pieuse jeunesse, étaient allés recevoir la couronne de gloire; Mlle Legras avait fait de même; la plupart de ceux que Madeleine avait aimés n'étaient plus. Quel que soit le respect des neveux et des nièces, ils ont leur propre famille, ils sont d'un autre âge, d'une autre génération; la sympathie, l'affection, l'entente n'est pas complète. Nul, que ceux qui l'ont expérimenté, ne sait l'amertume de cet isolement du cœur quand on sent encore tout s'agiter autour de soi et que moralement on reste seul; quand on a gardé ce cœur jeune, chaleureux, débordant de tendresse et d'enthousiasme, et que les nouveaux venus de la vie vous regardent comme une froide et

(1) Brossette.

vénérable antiquité. On a beau s'être rempli le cœur de Dieu et des délaissés, si la partie supérieure de l'âme trouve là son appui, la partie sensible souffre du vide et de l'isolement; mais il faut cette souffrance à ceux qui ont choisi Jésus pour leur part d'héritage parce que leur trésor n'est pas de ce monde, et que leur cœur, sorti d'eux-mêmes, doit se tenir auprès de leur trésor; il faut la croix implantée dans l'intime de l'être, et les vertus les plus sublimes ne suffiraient pas à sanctifier une vie chrétienne si la croix de Jésus y manquait.

CHAPITRE XXIII

Maladie et mort de Mlle de Lamoignon.

Depuis longtemps on s'étonnait que le corps de Madeleine résistât à l'entraînement de son âme; l'âge, les travaux continuels, le peu de soin qu'elle avait d'elle, une vie austère quoique exempte de singularité, avaient ruiné sa santé. On croyait fréquemment que ses forces allaient la trahir; puis, soit courage, force d'âme, secours divin d'une Providence qui demandait d'elle quelques œuvres encore, elle se relevait et reprenait sa course. On aurait voulu qu'elle modifiât sa vie et abandonnât un certain nombre de préoccupations.

— Ah! laissez-moi mes pauvres, s'écria-t-elle;

que je vive avec eux jusqu'à la fin ! Que ne puis-je paraître avec eux au tribunal de Jésus-Christ !

Dans l'automne de 1686, des souffrances plus vives et une faiblesse plus grande l'empêchèrent d'aller à Basville avec M. de Lamoignon. Celui-ci consentit à ce qu'elle se retirât pendant son absence à la Visitation où, après avoir eu une sœur bien-aimée, elle avait actuellement des nièces. Lui-même la conduisit dans la sainte maison, disant aux religieuses qu'il leur confiait ce dépôt pour un temps, mais, aussitôt son retour, viendrait le retirer.

Si, pour le poète, le chant du cygne est le plus beau des chants, l'âme unie à Dieu rend aussi des sons plus doux à mesure qu'elle pressent les harmonies célestes ; son vol est plus soutenu à mesure qu'elle approche des divines régions. Celle de Madeleine parut en effet plus humble, plus détachée, plus fervente, plus douce que jamais dans la pieuse retraite. Les religieuses qui la connaissaient avouèrent qu'elles constataient en elle de nouveaux progrès de la grâce. Sa grande faiblesse faisait admirer son courage, car elle s'efforçait de surmonter la nature afin d'abandonner le moins possible de ses exercices de piété et de ses bonnes œuvres. Aux heures où les malheureux ne venaient pas la trouver, elle était toujours en !prières et en oraison dans la tribune de la chapelle. Sachant que les forces de son corps languissant ne répondaient plus à la ferveur de son esprit, on venait à elle et on l'obligeait de s'asseoir. Elle cédait parfois pendant qu'elle était vue, et dès qu'elle se trouvait seule, se remettait à genoux. Elle ne sortait de là que pour donner audience aux pauvres et à tous ceux qui venaient au parloir lui exposer quelque douleur, quelque nécessité. Elle semblait revivre en leur parlant et on voyait renaître sur son front toute l'ardeur de sa jeunesse. Ceux qu'elle ne pouvait soulager sur-le-champ emportaient au moins un esprit consolé, raffermi et l'espoir d'un soulagement prochain. Elle accomplissait du reste exactement les promesses qu'elle faisait aux pauvres, et n'eût pas apporté plus de scrupule à tenir sa parole envers ses amis et ses proches.

Chacun s'étonnait qu'une personne de cet âge, dont le corps allait chaque jour s'affaiblissant, pût avoir tant de petites circonstances présentes à l'esprit, au lieu de chercher les moyens de rétablir sa santé et ses forces. Les nuits surtout étaient un supplice pour elle, car elle les passait dans une cruelle insomnie, une fièvre continuelle, ne pouvant rester un quart d'heure dans la même situation. Elle réprimait cependant toute impatience et consolait au contraire les personnes qui la veillaient quand elle les voyait tristes, inquiètes de son état. — « Je ne souffre pas, leur disait-elle, en comparaison de ce que je mérite de souffrir ; c'est une douce pénitence pour tant de péchés que j'ai commis. » Elle se réconfortait elle-même intérieurement par le souvenir des souffrances et de la passion du Sauveur ; elle unissait ses peines à celles de Jésus et les lui offrait ainsi enveloppées, désireuse de ne rien perdre de toutes ces tribulations passagères qui opèrent, selon le mot de saint Paul, un poids incommensurable de gloire.

Elle passa dans le monastère une partie de l'hiver. M. de Lamoignon, revenu, la pressait de rentrer chez lui ; les religieuses, édifiées de sa vertu, désiraient la garder. Le magistrat dut user de ruse pour recouvrer la possession de sa tante. Un de ses amis, malade, témoignait le désir de la voir. Il alla la chercher sous ce prétexte et se garda bien de rendre celle qu'il considérait comme une source de bénédictions pour sa maison.

Il ne jouit pas longtemps de son trésor. Vers le commencement du printemps, on s'aperçut que la sainte fille était plus mal que d'ordinaire. Il fallut cesser toute occupation ; ce fut l'immobilité complète ; le moindre mouvement était une douleur. Madeleine comprit que tout était fini pour elle sur la terre. « Puisque Dieu me retire mes pauvres, dit-elle avec calme, c'est qu'il veut m'appeler à Lui. Lui ou eux, il ne doit y avoir que cela pour moi. » M. de Lamoignon, obligé d'aller passer deux ou trois jours à Basville, voulut, à cette nouvelle, remettre son voyage. Madeleine le pria de n'en rien faire, et, pour lui ôter pendant son absence toute inquiétude à son sujet, elle s'efforça de prendre un repas devant lui. A peine fut-il en route qu'elle se trouva affreusement oppressée ; elle ne laissa pas cependant de vaquer encore à quelques affaires qui lui tenaient au cœur, et elle écrivit au roi et à Monsieur pour les remercier de certaines aumônes qu'ils lui avaient envoyées. Elle se fit rendre compte par son homme d'affaires de diverses commissions qu'elle lui avait confiées et donna quelques ordres touchant ses charités.

La comtesse de Broglie se tenait auprès d'elle et la quittait uniquement pour lui enlever l'inquiétude qu'elle témoignait de fatiguer ceux qui la veillaient. Sa belle-sœur la première présidente, Mme de Miramion son amie, la présidente de Nesmond, le comte de Broglie et quelques autres intimes accoururent aussi dès qu'ils apprirent son état.

On fit venir le Père Dubois, alors son confesseur. Comme elle avait coutume de se confesser fréquemment, la réception du sacrement de pénitence n'offrait rien d'extraordinaire; mais on hésitait à lui parler du saint viatique et de l'extrême-onction. Souvent, on se le rappelait, elle avait témoigné certaine appréhension de la mort, et on craignait de l'effrayer. Son confesseur commença à parler à mots couverts, sans s'expliquer complètement: elle comprit tout de suite.—« Qu'on ne craigne pas de me révéler mon état, dit-elle ; je suis toujours prête à recevoir mon Dieu. Pendant

qu'on disposait toutes choses pour la réception de l'auguste victime, elle se prépara à la
mort par des actes intérieurs d'amour, de sou-
mission à la volonté de Dieu, d'abandon à sa
Providence, et elle signa encore de sa main
quelques legs charitables. Elle essaya de se
soulever, et un rayon passa dans ses yeux
quand apparut le pain de vie; elle resta
plongée après l'avoir reçu dans la quiétude du
plus complet bonheur.

Il était presque nuit. Ce fut à ce moment que M. de Lamoignon arriva de Basville. Elle désira le voir, mais craignant de
lui causer une trop forte secousse, puisqu'il
était parti avec plus de confiance, elle se con-
traignit autant qu'elle le pouvait pour cacher
ses souffrances et son abattement. Elle lui dit
d'un visage gai et d'un ton de voix qu'elle essaya de raffermir qu'il revenait bien tard;
elle lui demanda des nouvelles de son voyage,
le consulta sur quelques dispositions qu'elle
voulait prendre en faveur de Mme de Broglie et
qu'elle n'avait pas voulu signer avant qu'il les
eût vues. Elle le pria ensuite d'aller se reposer.

Quelques instants après, on lui donna
l'extrême-onction; puis elle signa encore

quelques papiers. Une personne qu'elle honorait d'une confiance toute particulière et qui était sa coadjutrice dans les œuvres de charité lui dit alors que, tous comptes faits, elle avait encore à elle environ cent pistoles. — « Ah ! il faut les donner, dit-elle, je ne dois rien garder. » Et elle les fit porter aux sœurs de charité de Saint-Lazare.

Aidée de son confesseur, qui ne la quittait presque plus, elle formula encore avec ferveur quelques actes de foi, d'amour et de résignation; puis, étant tombée dans un assoupissement léthargique, elle n'eut plus de connaissance qu'à de rares intervalles, où on lui suggérait d'élever son cœur à Dieu. Elle passa ainsi toute la nuit et le matin du jour suivant. Le Père Bourdaloue, en qui elle avait grande confiance, étant venu au point du jour, elle le reconnut et parut répéter intérieurement les paroles pieuses qu'il lui suggérait. Cet état dura jusqu'à onze heures. Elle conservait un air tranquille et je ne sais quoi de doux sur son visage qui révélait la paix de son âme. Elle était dans sa chaise, son oppression ne lui permettant pas de garder le lit. Ce fut là qu'elle rendit l'esprit, sans convulsion et sans effort, ayant cessé de craindre la mort dès qu'elle l'avait envisagée de près. Dieu en use ainsi avec ses élus, et souvent ceux qui ont le plus craint en cette vie ses secrets jugements s'élancent joyeux et pleins d'espoir au passage de l'autre vie.

C'était le 14 avril 1687.

Quand Madeleine eut expiré, Mme de Miramion, en fidèle amie, lui rendit les derniers devoirs; puis on la mit sur son lit, où elle fut deux jours sans qu'on pût remarquer aucun changement dans son visage. On y lisait encore cette douceur, cette sérénité qui y avait rayonné pendant ses derniers jours, et qui vient de la paix de l'âme conquise à force de combats. Aussi, loin d'inspirer de l'éloignement à ceux-mêmes qui, d'habitude, ont une horreur instinctive des morts, sa figure, jointe à l'idée qu'on avait de sa sainteté, attira de nombreux visiteurs. Des foules de pauvres surtout se pressaient pour la voir, et plusieurs demandaient quelque objet ayant été à son usage pour le garder comme une relique.

Elle fut enterrée aux Cordeliers, dans le sépulcre de ses pères, mais les filles de la Visitation de la rue Saint-Jacques demandèrent instamment son cœur, disant qu'un dépôt si sacré attirerait sur leur maison les bénédictions de Dieu.

Racine composa l'épitaphe qui fut gravée sur son tombeau.

En voici la reproduction :

Ici gist
Madeleine de Lamoignon.
fille de Chrestien de Lamoignon,
marquis de Basville,
grand président du Parlement.
Elle fut uniquement occupée,
pendant une longue vie,
du soin de soulager toutes sortes de malheureux.
Il n'y a point de province en France
ni de pays dans le monde
qui n'aient ressenti les effets
de sa charité.
Elle naquit le 18 septembre 1609.
Elle est morte le 14 avril 1687.

On trouve cette épitaphe dans les œuvres de Racine, et on trouve aussi quelques mots qui y sont relatifs dans la correspondance de Racine et de Boileau. Ce dernier, étant aux eaux de Bourbon en juillet 1687, écrit à Racine dans cette même lettre où il prétend que les eaux lui ont tout fait sortir du corps, excepté la maladie pour laquelle il les prend : « Vous ne me parlez point de l'épitaphe de

Mlle de Lamoignon. » Cinq jours après, le 4 août 1687, Racine répond : « Quant à l'épitaphe de Mlle de Lamoignon, je la donnai à M. de la Chapelle, en l'état que nous étions convenus à Montgeron ; je n'en ai pas entendu parler depuis (1) ».

Cette mort fut une grande douleur pour Mme de Miramion; elle laissa dans son cœur, dit son biographe, un vide que rien ne devait combler. Depuis quarante ans, ces deux femmes se rencontraient au pied de l'autel, au chevet des malades, aux réunions pour les pauvres ; l'affection, la parenté, la similitude de goûts avaient créé entre elles de ces liens qui laissent une plaie quand il faut les briser. De tant de personnes pieuses qui avaient fait partie de l'assemblée de saint Vincent et qui avaient guidé les premiers pas de la jeune veuve lorsqu'elle s'était donnée toute à Dieu, Madeleine de Lamoignon restait seule; c'était la dernière amie, l'unique représentante d'un temps qui n'était plus.

(1) Henri de Besset, sieur de la Chapelle-Milon, était inspecteur des beaux-arts, contrôleur des bâtiments du roi, et adjoint comme secrétaire à la petite Académie.

Le roi, en apprenant la mort de Madeleine, qui était, comme nous l'avons vu, la distributrice ordinaire de ses aumônes, fit demander à Mme de Miramion, par l'intermédiaire de Mme de Maintenon, de vouloir bien succéder à son amie dans cet emploi et surtout dans sa confiance (1).

Mme de Miramion accepta ce qui était à la fois un honneur et une occasion de faire plus de bien, et depuis ce jour jusqu'à sa mort, le roi lui fit remettre quatre fois par an de l'argent pour les pauvres, sans jamais souffrir qu'elle lui en rendît compte.

La famille de Madeleine possédait son portrait. Boileau composa les vers suivants pour être mis au bas de ce portrait :

Aux sublimes vertus nourrie en sa famille,
Cette admirable et sainte fille
En tous lieux signala son humble piété ;
Jusqu'aux climats où naît et finit la clarté
Fit ressentir l'effet de ses soins secourables ;
Et, jour et nuit, pour Dieu pleine d'activité,
Consuma son repos, ses biens et sa santé
A soulager les maux de tous les misérables.

(1) Choisy.

CHAPITRE XXIV

Conclusion pratique à tirer de cette vie.
Les services du divin Maître.
Piété et vie intérieure qui y sont nécessaires.
Docilité complète.

Le religieux qui a laissé une biographie de Mlle de Lamoignon, le Père Dubois probablement, commence ainsi sa relation :

« *Beatus qui intelligit super egenum et pauperem! In die mala liberabit eum Dominus :* Heureux l'homme qui a l'intelligence des misères du pauvre! Le Seigneur le délivrera au jour mauvais.

« Sire,

« Je n'aurais jamais osé présenter cette vie à Votre Majesté si je n'avais remarqué les relations assez fréquentes que Mlle de Lamoignon eut l'honneur d'avoir avec Votre Majesté pour lui représenter les besoins des pauvres, dont elle a été si favorablement écoutée et a reçu si libéralement tous les secours dont elle avait besoin. C'est donc pour la gloire de Dieu et celle de Votre Majesté que je publie les belles actions de cette vertueuse fille. J'espère que son crédit auprès de Dieu obtiendra la conservation de votre sacrée personne. C'est le grand désir de celui qui est avec un profond respect..... »

Une conclusion analogue, sous certains points de vue, à cette dédicace sollicite ma plume. Elle s'adresse aux lecteurs de tout âge, de tout sexe, de toute condition, pourvu qu'ils soient chrétiens : aux âmes de bonne volonté. Je n'aurais pas osé publier cette vie, leur dirai-je, si je n'y avais vu des relations avec vos sollicitudes, vos préoccupations, vos besoins. De toute œuvre, si minime soit-elle, on doit pouvoir tirer une conclusion pratique. Pour la gloire de Dieu et pour votre consolation, je vais donc essayer de demander à cette biographie les enseignements applicables à notre conduite actuelle; j'espère qu'ainsi la lecture n'en sera pas sans fruits pour nous.

Madeleine de Lamoignon avait consacré sa vie à Dieu, à Notre-Seigneur Jésus-Christ en particulier, dans la personne de ses membres souffrants. Il ne paraît pas qu'elle ait fait vœu de virginité. Certainement elle aurait pu le faire et n'en jamais parler; le secret du roi ne se dit point par les places publiques; mais on ne trouve aucun indice que cela ait eu lieu. Néanmoins elle se regardait bien, toute son existence le prouve, comme vouée à l'œuvre divine, et rien ne lui coûta pour demeurer jusqu'au bout l'infatigable et fidèle servante qu'on doit être, quand on a ce bonheur d'être enrôlée au service du meilleur des maîtres.

Aujourd'hui comme autrefois, aujourd'hui plus que jamais peut-être, Jésus-Christ a besoin d'âmes fidèles, dévouées et aimantes, disposées à tout entreprendre, préparées à ne rien craindre, pour faire son œuvre ici-bas en mille manières différentes.

A toute heure de la journée il passe par les chemins du monde, et il appelle, tantôt l'un, tantôt l'autre, pour les envoyer travailler à sa vigne.

— Que fais-tu là? dit-il à l'un. —Je cherche à employer utilement les forces de mon être. —Va travailler pour moi : j'ai des malades à soigner, des infirmes à soulever, des morts à ensevelir, des pays barbares à explorer et à christianiser. Va travailler pour moi.

— Que fais-tu là? dit-il à l'autre. — Je cherche à tirer parti de mon intelligence. —Va travailler pour moi : j'ai des ignorants à instruire, de petites âmes d'enfants à ouvrir et à éclairer; j'ai des incrédules à convaincre, des foules à ramener. Il y a des talents, des génies dévoyés qui se sont mis au service de Satan et répandent le mal; ils font la nuit partout et l'appellent lumière; va jeter un cri de foi par le monde et combattre l'erreur; une seule âme l'entendrait-elle, ta peine ne serait pas perdue : va travailler pour moi.

— Que cherches-tu? dit-il à celui-là. —Je cherche un bon placement pour ma fortune, le meilleur moyen de faire fructifier mes capitaux sans risquer de les perdre. —Va les

placer sur ma banque du ciel. J'ai des entreprises colossales pour lesquelles il est besoin
de l'argent de la terre; j'ai des pauvres sans
pain, des vieillards sans asile, des malheureux qui n'ont point de vêtements pour se
couvrir; des missionnaires qui doivent traver-
ser l'Océan pour aller où je les envoie; j'ai
des œuvres innombrables pour les âmes et
pour les corps, où le dévouement doit s'appuyer sur les ressources matérielles. J'ai créé
la terre et ce qu'elle renferme; l'or et l'argent
sont à moi; va employer à mon service le talent
que je t'ai confié.

'— Que cherches-tu? dit-il encore. Je
cherche à dépenser noblement le trop plein de
mon cœur. Je sens des ardeurs qui me brûlent,
des élans qui m'emportent; j'ai peur des
amours de la terre; celui qui s'y donnerait
tout entier comme je m'y donnerais, perdrait
peut-être son âme et son éternité. — Viens,
apporte à mes pieds les trésors de ton cœur.
J'ai dans l'âme une tristesse indicible et mortelle : elle vient des impies, elle vient des
pécheurs; mets-y comme un baume la pureté
de ton amour et tes expiations. Moi seul déjà
je puis te satisfaire; mais je suis aussi le

refuge des délaissés, le père des orphelins ; je
répands sur eux, avec mon amour, celui des
âmes qui se donnent à moi ; je te confierai pour
les aimer l'enfant qui n'a pas de mère, le vieillard qui n'a pas d'enfants ; je t'enverrai porter
ici une une parole de tendresse, là-bas mon
nom, ma croix, mon évangile ; tu aimeras les
âmes pour moi jusqu'à la mort. Va, tu aurais
mille cœurs et des cœurs mille fois plus plus
ardents, tu peux les dépenser pour moi.

— Que cherches-tu ? dit-il enfin. — Je
cherche à m'enrichir, je veux faire fortune.
Nulle peine ne me coûtera, nul travail ne me
répugnera ; mais je suis ambitieux : je veux
gagner beaucoup. — Va travailler pour moi.
Les maîtres de la terre paient leurs serviteurs
avec de l'or que les voleurs dérobent, que les
révolutions du globe réduisent en poussière,
avec des trésors que la rouille peut corrompre,
qu'un jour, bientôt, la mort t'arrachera. Mon
royaume n'est pas de ce monde. Peut-être en
cette vie mangeras-tu, à la sueur de ton
front, un pain trempé de larmes ; mais un
jour sonnera l'heure de la récompense, et tu
auras amassé dans les demeures éternelles un
trésor que les voleurs ne peuvent dérober,

que la rouille ne peut corrompre; tu auras conquis dans ce lieu du repos un trône, une couronne, et tu y jouiras des richesses du Dieu qui a tout fait.

Et Jésus passe ainsi tout le long de la vie. Chaque jour des âmes se détachent de la foule, visiblement ou invisiblement, et se donnent à Lui pour le servir et pour l'aimer. Les unes vont s'enfermer dans un cloître; les autres restent au milieu du siècle; c'est son appel qui a tout décidé : là, comme ici, on est à son service.

Il y a donc en plein xixe siècle, et il y en a beaucoup, des âmes qui vivent dans le monde sans lui appartenir, des existences qui semblent extérieurement couler comme les autres, mais dont le mot d'ordre est changé. C'est à celles-là que s'adressent d'une manière plus spéciale les enseignements de la vie de Mlle de Lamoignon. Nous en tirerons deux principaux.

Le premier, c'est que, si on doit se mêler à la vie active et s'occuper d'œuvres pour le prochain, il n'en faut pas moins rester uni à Dieu par une piété fervente et une vie intérieure continue. Le second, c'est qu'il faut s'offrir au divin Maître pour faire ce qu'il voudra, et non pas fixer nous-mêmes jusqu'où nous irons et où nous nous arrêterons.

Nous devons d'abord rester unis à Dieu par une vie intérieure intense et continue, par la prière, la méditation, l'habitude de sa sainte présence, la fréquentation des sacrements. Il le faut si nous voulons que nos actes soient vraiment pour lui. La routine, l'habitude, une certaine sensibilité naturelle chez les uns, un besoin inné d'activité chez les autres, peuvent faire accomplir parfois des œuvres qui paraissent fort belles, mais qui restent sans mérite, parce qu'elles ne sont pas accomplies en vue de Dieu et pour lui plaire. Celui-là seul récompense pour qui on a travaillé. Si nous avons obéi à des motifs humains, comment irons-nous demander un paiement à Dieu? Il ne nous reconnaîtra pas pour ses serviteurs. Nourrir son âme des pensées de la foi; l'embraser dans la sainte communion du seul amour que rien ne lasse et qui résiste à tout; s'entretenir chaque matin avec Jésus; s'abîmer dans son Cœur sacré; se remettre entre ses mains comme un instrument dont il usera à son gré, comme un serviteur qu'il enverra où il voudra, comme une hostie qu'il consumera de la manière qui lui plaît le mieux, sera au contraire le vrai cachet du service divin.

Cette vie intérieure est nécessaire encore pour vivifier nos actes et les rendre fructueux. Si la grâce ne les féconde pas, c'est en vain que nous agissons. Si nous n'avons pas puisé dans la prière une étincelle de lumière divine, c'est en vain que nos lèvres s'ouvrent devant l'affligé ou devant l'ignorant : elles ne trouvent pas plus la parole qui console que celle qui éclaire. — Ce n'est pas moi qui vis ; c'est Jésus-Christ qui vit en moi. — Celui qui ne peut dire ainsi n'a pas la véritable vie, et ses œuvres sont mortes. — Ce n'est pas moi qui parle : c'est Jésus-Christ qui parle en moi. — Celui qui ne peut dire ainsi ne produira pas plus d'effet qu'un airain sonnant ou une cymbale retentissante. Nous ne sommes pas la lumière ; nous ne sommes pas la charité ; nous ne sommes pas l'espérance, ni la force, ni l'amour, ni la résignation : comment les donnerons-nous aux autres si nous ne les puisons en Dieu ? Nous ne sommes pas le bien ; de nous-mêmes nous ne sommes rien ; comment ferons-nous du bien aux autres, quelque bien que ce soit, si nous ne le puisons en Dieu?

Puis surtout, ah ! surtout, celui qui ne reste pas uni à Dieu par les liens d'un entretien fréquent ; celui qui n'envoie pas souvent son cœur là-haut converser avec le cœur du Maître, qui ne tient pas ses regards attachés sur son regard aimé, celui-là se lasse bientôt, même des meilleures choses. L'exercice des œuvres de charité ne va pas sans obstacles, sans souffrances, sans déchirements même. Il y a des fatigues à supporter, des sacrifices à faire, des humiliations à essuyer, des ingratitudes à subir, des peines venant parfois des côtés les plus inattendus. Se sentir sous l'œil du Maître peut seul faire oublier les difficultés du service ; avoir sa conversation dans le ciel peut seul nous permettre de marcher sans plaintes parmi les épines de la terre. Les filles du cloître ont, au milieu de leurs renoncements, d'ineffables délices. Nous, à qui ne sont point réservés le calme et la paix qu'elles goûtent, faisons au moins, au fond de notre cœur, une solitude intérieure où nous puissions nous retirer parfois dans l'intimité de Jésus.

En second lieu, si nous sommes au service

de Dieu, nous ne sommes plus nos maîtres.
Ne fixons donc pas nous-mêmes notre tâche.
— J'irai jusque-là; pas plus loin. — Que
savez-vous où Dieu vous enverra ? On s'offre
à lui dès le matin, on se met tout à sa disposition; souvent les obligations de la journée
sont autres, et autrement pénibles qu'on ne
pensait. Sans doute, dans les choses connues,
il faut se tracer un plan de vie et le suivre
autant que possible. Sans doute aussi il faut
se garder d'embrasser trop d'œuvres à la fois
de peur de mal s'en acquitter. Sans doute
enfin les devoirs de famille, le bien à faire
dans la famille doivent passer avant toute
autre chose ; c'est une des manifestations les
plus claires, les plus sûres de la divine volonté.
Mais ceux qui ont l'expérience des manières
d'agir du bon Dieu nous comprendront sans
peine : il déjoue souvent nos plans ; il a résolu
ceci quand nous pensions cela ; et si nous
nous laissons docilement conduire et com-
mander, ainsi que doit faire un bon serviteur,
nous nous trouverons fréquemment là où
nous ne croyions point aller, ou faisant ce que
nous ne croyions pas faire. L'important, c'est
de ne pas mettre obstacle à l'action de Dieu,

de chercher sa volonté, de se prêter à tout, de marcher quand il vous incite à marcher, de s'arrêter quand il vous arrête, de ne rien refuser de ce qu'il nous demande, soit par les voix autorisées, soit par la voix de la conscience.

Je n'attribue pas à autre chose qu'à cette docilité parfaite les merveilles de charité, dépassant l'imagination, que nous présente la vie de Madeleine de Lamoignon. Sans doute elle occupait une position qui lui procurait certaines facilités ; la plupart des âmes qui se donnent à Dieu ne jouissent pas des mêmes privilèges. Mais dans leur sphère, avec leur fortune, avec leurs autres obligations, quelles qu'elles soient, ces âmes feront encore plus qu'elles n'auraient pensé, plus qu'on ne croirait qu'elles peuvent faire, si elles s'abandonnent ainsi à l'action du Maître souverain. Parfois ce qu'il demandera d'elles sera plus grand aux yeux du monde que ce qu'elles avaient rêvé ; souvent ce sera plus petit, plus humiliant ; ce seront ces mille riens de la charité, dont chacun pris à part paraîtrait puéril, peut-être ridicule, et qui en viennent cependant à user une vie ; n'importe ! acceptons tout ; ne disons pas : Seigneur, ceci ! cela ! disons : Ce que vous voudrez, ô Jésus. Et quoi que nous fassions ainsi, les uns ou les autres, ce ne sera ni plus grand ni moins grand : ce sera la volonté divine.

Il y a aujourd'hui de petits enfants plus malheureux peut-être qu'au temps de saint Vincent de Paul. Si ce ne sont pas des enfants trouvés, ce sont bien des enfants perdus. On leur laisse la vie du corps ; on invente même, pour la conserver, mille soins hygiéniques, mais on étouffe leur âme, on veut effacer leur baptême, trancher le lien qui les rattache à Dieu. Que ceux qui se sentent appelés à sauver d'une ou d'autre manière quelques-unes de ces âmes d'enfants n'hésitent pas à y donner leurs peines, leur fortune ou leur vie. Ecoles ou orphelinats catholiques, œuvres des catéchismes ou des premières communions réclament nos sollicitudes, car c'est l'œuvre de Dieu, le service du Maître.

Des pièges nombreux sont tendus au sortir de l'enfance à ceux qui ont gardé leur foi. Ces pièges sont couverts de fleurs. Le chemin paraît riant ; le voyage de la vie est facile avec les mille inventions du progrès. Mon

Dieu! que d'âmes s'y laissent prendre! Elles entrent dans la voie, on les entoure, on les pousse : le précipice n'est jamais loin. Ce sont des séductions pour l'amour-propre, des entraînements pour les sens. Ce sont des sociétés, des excursions, des concours où tout semble combiné pour le bien de chacun ; on n'a oublié qu'une chose, c'est d'y faire entrer en ligne de compte Celui qui s'est réservé le septième de notre temps ; ou plutôt la plupart de ces parties sont organisées exprès pour faire oublier le service de Dieu. Si tant de choses sollicitent les défaillances de la foi ou des mœurs, que de moyens ne faut-il pas mettre en jeu pour attirer, pour affermir les âmes! O vous que Dieu appelle aux œuvres de persévérance et de préservation, aux ouvroirs, aux cercles, aux écoles dominicales, aux patronages d'apprentis, aux conférences chrétiennes, à toutes les associations de jeunesse, n'y marchandez pas vos soins, les ressources de votre intelligence, les trésors de votre cœur, car c'est l'œuvre de Dieu, le service du Maître.

Les pauvres sont nombreux, et malgré toutes les revendications et toutes les combinaisons modernes, il y en aura toujours parmi nous : Notre-Seigneur lui-même l'a prédit. Dans beaucoup de mansardes, les familles manquent du nécessaire. Tantôt la mère est veuve et ne parvient pas à gagner le pain de ses enfants ; tantôt le père cherche en vain du travail ; tantôt la maladie l'empêche d'en accepter. Il faut aller dans ces pauvres demeures ; il ne faut pas se borner à donner son obole aux bureaux de bienfaisance ou à prendre part aux ventes de charité ; il faut s'approcher soi-même du dénuement, de la misère, pour les honorer en chrétien ; il le faut pour aboutir au grand but de la charité. Car donner du pain et des vêtements, de l'argent, des remèdes, procurer du travail, c'est quelque chose : ce n'est pas tout. L'œuvre importante, l'œuvre suprême, c'est d'arrêter par ces secours le murmure du pauvre, de lui prouver que la Providence veille sur ses enfants, de lui montrer le ciel au bout de ses souffrances, d'empêcher le blasphème et le désespoir, d'enseigner la résignation. Alors même, en effet, que vous ne pourriez tirer complètement d'embarras le pauvre que vous secourez, la bonté et l'amour que vous apportez dans sa demeure font autour de lui une autre atmosphère et un autre horizon ; vos attentions délicates, vos paroles affectueuses amollissent son cœur ; il est touché, et perdu pour la haine, et gagné pour l'amour. Nous faisons du bien aux corps, c'est pour aller aux âmes et les porter à Dieu. Mais que de peines pour atteindre le but ! Que de travail à faire pour confectionner des vêtements ou créer des ressources ! Que de courses pour chercher une place, demander de l'ouvrage ! Que de démarches infructueuses ! Que d'escaliers gravis ! Que de choses répugnantes à voir et à entendre ! Ne reculons devant rien, cependant, car c'est l'œuvre de Dieu, le service du Maître.

Parmi les âmes qui tombent dans le bourbier du vice, beaucoup n'ont pas commis ce péché contre le Saint-Esprit qu'on appelle le mépris de la grâce. Elles n'attendent peut-être pour sortir de leur état que d'être éclairées, soutenues, dirigées. Notre-Seigneur montre le Bon Pasteur allant chercher la brebis égarée au milieu des épines, la rapportant lui-même sur ses épaules ; comment refuserions-nous d'aller, s'il nous envoie, la chercher à sa place ? Comment refuserions-nous à la brebis meurtrie l'appui de notre cœur? Le serviteur n'est pas plus que le maître. Les œuvres de réhabilitation existent. Il y a des asiles pour les prisonniers libérés, des cloîtres pour les pécheresses repentantes, de sages institutions pour faciliter à d'autres l'union légitime et sainte qui les relèvera devant Dieu et devant les hommes. Si nous rencontrons, hélas! sur notre route quelqu'une de ces âmes perdues, ne négligeons rien pour l'arracher au mal, pour arrêter l'offense faite à Dieu; ne négligeons rien pour la relever, dussions-nous la prendre dans la boue : quelle est la souillure que n'efface la grâce? Dieu fait du repentir une seconde innocence. La foi donne un tel amour des âmes que devant cet amour disparaissent les délicatesses naturelles; nous en arriverons donc à avoir pour ces âmes une réelle affection; nous leur montrerons l'intérêt que nous inspire leur salut; nous aurons pour elles une pitié affectueuse, non point une pitié dédaigneuse. Et puis, souvenons-nous qu'à chacune de nos chutes, Dieu nous relève et nous reçoit. Si l'âme que nous avons crue sauvée vient à tomber encore, retournons à son secours, ne désespérons pas et ne nous lassons point, car c'est l'œuvre de Dieu, le service du Maître.

Les hôpitaux regorgent de malades; les hospices, de vieillards, d'infirmes, de blessés. Ils y sont soignés par ces filles admirables qui ont tout abandonné pour être tout à eux. Est-ce à dire qu'il n'y ait plus rien à faire pour la servante de Dieu qui reste dans le monde? Je vois au xviie siècle Mme Acarie, Suzanne des Ternes, la présidente Goussault, ressusciter l'usage des visites à l'Hôtel-Dieu, tombé en désuétude pendant les guerres de religion, et Madeleine de Lamoignon, avec toute la phalange d'âmes pieuses qui se groupe autour d'elle, suivre cet exemple. Mme de Miramion y conduisait quelquefois sa fille, bien qu'elle fût très jeune alors; elle ne craignait pas de lui faire affronter les maladies : « Ma fille, lui disait-elle, le chemin des hôpitaux est le chemin du ciel. » A deux cents ans de là je vois une femme de sainte et vénérée mémoire, qui fait la gloire du xixe siècle, adopter aussi cette coutume. Quand Pauline-Marie Jaricot entendit l'appel qui lui fit abandonner les futilités de la vie mondaine, qui la jeta dans une voie semée d'autant de merveilles que la vie de Mlle de Lamoignon, la première œuvre de charité dans laquelle elle essaya ses forces fut la visite des malades à l'Hôtel-Dieu de Lyon. « J'avais lu dans l'Evangile, dit-elle, que servir les pauvres, les malades, les affligés, c'est servir Jésus-Christ lui-même. Aussi ne trouvais-je rien de plus doux que de soigner les membres souffrants de mon divin Maître, et de répandre dans leurs âmes l'ardeur qui dévorait la mienne. »

Il y a donc un attrait invincible qui attire près du lit de souffrance, près du lit d'agonie, les âmes qui cherchent Jésus-Christ. Mais il y a donc aussi des miettes à glaner autour de la table, abondamment servie en mérites, des sœurs de charité. Oui, il y a pour les visiteurs du dehors, pour les personnes du monde, mille petits services à rendre, d'une ou d'autre nature, matériels et spirituels. Il y a là de pauvres délaissés qui n'ont personne au monde et dont une parole d'affection relève le moral ; il y a des vieillards et des incurables pour lesquels il faut chercher avec force peines et démarches un asile pour le reste de leurs jours ; il y a des adolescents à instruire, des brebis égarées à qui il faut réapprendre, avec la prière, le chemin du bercail ; des âmes ulcérées à gagner par de petites douceurs et mille attentions soutenues ; il y a des lettres à écrire pour les uns, des courses à faire dans la famille des autres, des soins de propreté à donner, mille petits services qui ne se peuvent énumérer et que l'occasion vous découvre ; il y a la bonne semence à jeter peu à peu, à insinuer par le cœur afin qu'elle arrive à l'esprit, afin que le malade en vienne à profiter de sa souffrance au lieu de la laisser perdre ; il y a à préparer les voies pour que, l'heure venue, la réception des sacrements soit une consolation, non un épouvantail ; il y a la place de Jésus-Christ, Maître et Roi des cœurs et de l'univers, à garder là comme partout.

Embrasser toutes ces œuvres, ce serait impossible ; choisir? c'est une chose souvent embarrassante. Ce qu'il faut, c'est s'offrir au Maître avec abandon et confiance et le laisser choisir pour nous ; ne plus compter sur une vie tranquille ; nous tenir prêts à tout, attentifs à ses signes, à ses inspirations ; ne pas reculer devant le travail qui se présente, ne pas tenir opiniâtrément à celui qui ne nous incombe pas; laisser faire Dieu; agir par Lui, pour Lui, avec Lui et en Lui : sa grâce opère des merveilles par ceux et en ceux qui la suivent, comme le peintre en opère avec son pinceau, comme l'écrivain produit des œuvres sublimes avec la plume inconsciente qui se laisse guider par lui.

Donnez-nous, ô Jésus, d'être entre vos mains l'instrument docile qui trace votre nom sur la terre, celui qui creuse le sol où vous jetterez la semence, ou celui dont vous vous servez pour cicatricer les plaies et guérir les blessures. Chaque matin nous viendrons à vos pieds nous mettre à votre disposition et recevoir vos ordres. Nous sommes des serviteurs inutiles, car vous pouvez vous passer de nous; mais, heureux d'être choisis par vous, nous bénissons la main qui nous emploie. A vous toute gloire, tout honneur, tout amour, dans les siècles des siècles.

TABLE DES MATIÈRES

— 289 —